Le Maréchal

(Catherine Booth- Clibborn)

James Strahan

Writat

Cette édition parue en 2024

ISBN : 9789359944296

Publié par
Writat
email : info@writat.com

Contenu

PRÉFACE

Ce livre est le résultat inattendu d'une brève visite que la Maréchale a rendue à sa fille et à l'écrivain au printemps de cette année. Chaque jour, on la persuadait non pas tant de parler du passé que de revivre certaines parties de sa vie, car dans son cas, raconter une histoire est la mise en scène d'un drame. A l'heure des repas, elle reste rarement à sa place, bien qu'elle semble inconsciente de le quitter et surprise d'avoir besoin d'y retourner. Elle commence à décrire un incident, à évoquer une conversation, à esquisser un personnage, et aussitôt elle adapte la parole à l'action, l'action à la parole, tendant le miroir à la nature, utilisant son brillant don dramatique, qui est aussi naturel pour elle comme le chant l'est pour les oiseaux, d'évoquer des visages, de ramener des voix, de restituer des scènes, qui sont toutes, graves ou gaies, rappelées d'un passé mort survenu tout à coup, comme d'un coup de baguette magique. , redevenez vivant.

Un jour, je lui ai dit : « N'as-tu jamais pensé à donner tout cela au monde ? Elle a répondu : « On me demande souvent de le faire, et un jour je le pourrai. » Peu de temps après, elle m'a surpris en disant : « J'en suis venu à la conclusion que quelque chose devrait être écrit maintenant et que vous devez l'écrire.

Une masse de documents en anglais, français et allemand – rapports, lettres, journaux intimes, revues et autres documents – a donc été mise à ma disposition. Je n'ai pas utilisé la moindre dîme de ce que j'ai reçu, et une grande partie de ce qui reste est aussi bonne que ce qui a été pris. D'autres verront bientôt le jour, je n'en doute pas. L'une de mes meilleures sources d'information a été la mémoire phénoménale de la Maréchale , que j'ai testée à maintes reprises et que j'ai trouvée invariablement exacte, sauf en termes de dates. Dans son esprit, les événements ont tendance à être associés non pas tant aux années qu'aux maisons et aux enfants, qui sont bien plus intéressants.

En ce qui concerne le sujet du quatorzième chapitre, la Maréchale aurait préféré ne pas rompre le silence qu'elle a gardé pendant de nombreuses années, mais après avoir lu ses lettres et son journal, je l'ai exhortée à laisser publier une brève déclaration, d'abord parce que je pense qu'elle doit quelque chose à ses anciens camarades de combat, et ensuite pour son propre travail et celui de sa famille. Les membres de la famille consultés, ainsi que d'autres amis, le désirent encore plus fortement que l'écrivain.

Ce livre se compose de quelques sections d'une vie qui, comme la grenade de Mme Browning, « se montre dans un cœur teinté de sang ». A un cœur d'amour ajoutez un esprit de feu, et vous avez la Maréchale . Du sang et du feu, c'est ce qu'elle était au début, et c'est ce qu'elle sera jusqu'à la fin. On l'a souvent entendu dire qu'elle n'avait jamais été aussi dans son élément que lorsque, entrant dans une ville, elle se trouvait confrontée, dans un théâtre ou un casino, à « tous les démons du lieu ». Elle est heureuse chaque fois que « Jésus va avoir une chance pour une nuit ». Naturellement, ses plus grands combats sont encore devant elle. L'Angleterre a besoin d'elle, la France peut-être encore plus. Que la Maréchale ne tarde pas à entamer sa dernière campagne ! Pendant ce temps, le vieux cri de guerre *En Avant !*

Le sujet de cette esquisse - écrite pendant un bref répit d'un autre travail - est actuellement lointain, mais je sais que ce qu'elle désire donner au monde, c'est un sens du Divin, le pouvoir miraculeux qui récompense un enfant. comme la foi, et qu'elle sera heureuse si chaque lecteur termine le livre par une *Gloire à Dieu !*

JS

CHAPITRE I

FINEMENT TOUCHÉ À DE BELLES QUESTIONS

À l'été 1865, William Booth, évangéliste, trouva l'œuvre de sa vie. Depuis quelque temps déjà, son imagination était plus active que d'habitude. Il ne pouvait s'empêcher de penser que tous ses efforts passés n'avaient été que des solutions provisoires à un problème difficile. Il éprouva un vague mécontentement. Il semblait tâtonner vers un idéal non réalisé . Il reçut enfin la lumière intérieure dont il avait besoin. Alors qu'il dirigeait une série de réunions dans une tente dressée sur le cimetière désaffecté des Quakers à Baker's Row, Whitechapel, il eut une vision céleste et entendit son appel divin. Il accepta une mission qui n'était pas moins réelle que celles des prophètes hébreux et des apôtres chrétiens. Les mots dans lesquels il décrit sa vocation font partie de l'histoire du christianisme en Angleterre. "J'ai trouvé mon cœur", dit-il, "fortement et étrangement attiré par le million de personnes vivant à moins d'un mile de la tente, dont quatre-vingt-dix sur cent , m'ont-ils dit, n'ont jamais entendu le son de la voix du prédicateur. d'année en année. "Voici une sphère !" était continuellement murmuré à mon oreille intérieure par une voix intérieure... et j'étais continuellement hanté par le désir de m'offrir à Jésus-Christ comme apôtre des païens de l'Est de Londres. L'idée ou la vision céleste ou peu importe comment vous pouvez l'appeler. m'a vaincu ; j'y ai cédé ; et ce qui s'est passé depuis est, je pense, non seulement ma justification, mais une preuve que mon offre a été acceptée.

ainsi que, par une nuit mémorable de juin, après avoir terminé sa réunion et son après-réunion, il se précipita chez lui, fatigué comme d'habitude, mais avec une lumière étrange sur son visage qui indiquait une lueur inhabituelle dans son cœur.

"Chérie, s'exclame-t-il à sa femme, j'ai trouvé mon destin !"

Ses paroles inattendues, comme le contact de la lance d'Ithuriel , prouvaient la qualité de la féminité de sa compagne de vie. Pendant un instant, elle trembla sous l'épreuve. Pendant que son mari déversait ses paroles brûlantes sur le paganisme de Londres et exprimait sa conviction qu'il était de son devoir de s'arrêter et de prêcher à ces multitudes de l'East End, elle restait assise à regarder la cheminée vide. La voix du tentateur — c'est ce qu'elle imaginait — lui murmura : « Cela signifie un autre nouveau départ, un autre départ dans la vie. Elle pensait à cinq petites têtes endormies sur leurs oreillers, à l'étage, et se rappelait qu'elle avait déjà traversé plus d'une fois d'inquiétudes domestiques. Mais aucune femme vivant à cette époque n'était plus prête à accomplir des actes de foi audacieux ; Rares sont ceux, voire aucun, qui étaient autant animés par le mépris des objectifs misérables qui aboutissent à leur propre intérêt. Après avoir réfléchi et prié en silence pendant quelques minutes, elle dit :

"Eh bien, si vous pensez que vous devriez rester, restez. Nous avons fait confiance au Seigneur une fois pour notre soutien et nous pouvons lui faire confiance à nouveau."

Ainsi les dés étaient jetés, et la journée se terminait par une de ces scènes qui ennoblissent notre humanité commune. "Ensemble", dit-il, "nous nous sommes humiliés devant Dieu et avons consacré notre vie à la tâche pour laquelle il semblait que nous priions depuis vingt-cinq ans. Son cœur s'est rapproché du mien. Nous avons résolu que cette pauvre, submergée , les gens étourdis et insouciants devraient désormais devenir notre peuple et notre Dieu leur Dieu dans la mesure où nous pourrions les inciter à l'accepter, et à cette fin nous affronterions la pauvreté, la persécution ou tout ce que la Providence pourrait permettre dans notre consécration à ce que nous croyions. soit la voie que Dieu avait tracée pour nous. »

On est parfaitement certain que ces deux apôtres modernes auraient accompli leur destinée même s'ils avaient été seuls ; mais cette destinée n'aurait guère pu être aussi vaste et glorieuse si Dieu ne leur avait pas donné des enfants qui ont hérité de leurs dons et ne les avaient pas aidés à réaliser leurs idéaux. C'est la simple vérité que la passion dominante de chacun de leurs huit fils et filles a été l'amour des âmes ; chacun d'eux a exulté de dépenser et d'être dépensé au service du Christ, qui est le service de l'humanité ; et si l'une d'entre elles est de santé trop faible pour être une militante salutiste, le grand capitaine de notre salut accepte la volonté de l'action.

Parmi tous les actes audacieux et originaux par lesquels le souffle et la flamme d'une vie nouvelle ont été introduits dans l'Église moderne, aucun n'est plus frappant, et pourtant aucun n'est plus simple et naturel que la renaissance, après tous ces siècles, de l' Église moderne. ministère apostolique des femmes. Comme Philippe l'Évangéliste de Césarée , William et Catherine Booth « eurent quatre filles qui prophétisèrent » ; des filles anglaises courageuses et douées qui, baptisées du Saint-Esprit, utilisaient leur dot d'une éloquence brûlante pour amener les pécheurs au propitiatoire. Si aujourd'hui « les femmes qui publient les nouvelles sont de grandes hôtesses », ce fait illustre la puissance de l'exemple. Dans chaque nouveau mouvement, il doit y avoir des pionniers audacieux et des dirigeants dévoués. Pour la « liberté de prophétiser » de la femme, comme pour toute autre forme de liberté, il a fallu payer le prix. Le but de ce petit livre est de décrire la vie de l'aînée des quatre filles évangélistes du général Booth, qui fut appelée à porter l'esprit de l'Évangile - l'esprit d'amour du Christ - d'abord dans de nombreuses villes d'Angleterre, puis , dans l'accomplissement de l'œuvre distinctive de sa vie, en France et en Suisse, aux Pays-Bas et en Belgique. Si son histoire pouvait être racontée comme elle mérite de l'être, elle apparaîtrait comme l'un des récits modernes les plus remarquables de l'œuvre chrétienne, car il n'y a peut-être personne vivant aujourd'hui qui ait autant vu ce que Henry Drummond appelait "les activités contemporaines du Saint-Esprit".

Catherine Booth l'aînée, la Mère de l'Armée, avait déjà trente-deux ans lorsqu'elle écrivit sa célèbre brochure sur le *ministère féminin* et, non sans crainte et tremblement, prononça son premier discours d'évangélisation dans la chapelle Bethesda à Gateshead-on. -Tyne, où son mari était ministre. La petite Catherine, baptisée dans cette chapelle, était en deuxième année lorsque sa mère commença à parler en public, et en septième lorsque son père trouva sa destinée . Aucun enfant n'a probablement jamais eu de plus grands privilèges que ceux dont elle jouissait. Sa demeure terrestre était une maison de Dieu et une porte du ciel ; et dès le début, elle semblait réagir à tout ce qu'il y avait de plus élevé et de meilleur dans son environnement. Elle faisait partie de ces âmes heureuses qui n'ont aucun souvenir de leur conversion, qui ne peuvent se souvenir d'une époque où elles n'aimaient pas de tout leur cœur le Seigneur Jésus-Christ.

Son père était au centre de toutes ses pensées enfantines et de ses souvenirs les plus vifs, et rien ne pourrait jamais vraiment le déloger de la première place dans ses affections. Une page intéressante de ses premiers souvenirs peut être reproduite. Quand elle avait trois ou quatre ans, son père était pasteur wesleyen à Cornwall, où son ministère a conduit à un réveil dans lequel des centaines d'âmes ont trouvé le salut. Un soir, Katie fut emmenée par son infirmière à la réunion et, à son arrivée, elle se retrouva devant un escalier menant à la galerie. Se croyant une assez grande fille, elle souhaitait grimper, mais l'infirmière, craignant la foule, la souleva et la porta jusqu'au sommet. Enfin, ils furent à l'intérieur, et ce que l'enfant voyait et entendait alors restait à jamais fortement imprimé dans son imagination. Le grand bâtiment était bondé. Au loin, sur la plate-forme, se tenait son père, avec sa mère assise à côté de lui. Il menait le chant, gardant la mesure avec son parapluie plié, et voici le refrain :

Que les vents soufflent haut ou que les vents soufflent bas,

C'est une agréable navigation vers Canaan, alléluia !

Comme la petite servante au cœur empressé appréciait ce voyage, et comme elle était fière de son capitaine ! Les vents soufflaient faiblement et le soleil brillait sur elle ces jours-là. Mais le temps ne pouvait pas toujours être beau. Depuis cette époque lointaine des Cornouailles, les vents ont souvent soufflé fort, et parfois le marin s'est senti ballotté, sans carte et sans gouvernail, sur des mers sombres et tumultueuses ; mais chaque fois que les vents tombaient, le soleil brillait de nouveau sur les vagues ; et à combien de dizaines de milliers de personnes cette fille de la musique a-t-elle chanté, avec de douces variations, la chanson de son père : « C'est une agréable navigation vers Canaan, alléluia !

Les enfants Booth n'avaient aucun doute quant à leur avenir. Il y avait une fin, un point, un but dans leur vie. Ils ont grandi dans une atmosphère de décision. De nombreux enfants sont rendus timides, méfiants et inefficaces à cause de leur formation. On leur dit constamment à quel point ils sont méchants, jusqu'à ce qu'ils commencent à croire qu'ils ne sont bons à rien. Les parents Booth ont agi selon un principe différent. Ils avaient confiance en leurs enfants et en leurs enfants. Quand Katie était encore une petite fille en chaussettes, sa mère lui disait : « Maintenant, Katie, tu n'es pas ici dans ce monde pour toi-même. Tu as été envoyée pour les autres. *Le monde t'attend.* » Quelle phrase c'était pour envoyer une petite fille au lit ! Là, elle retournait les mots encore et encore dans son esprit. "Mère dit que le monde m'attend. Oh, je dois être sage... Comme j'ai été égoïste en prenant cette orange !" La leçon valait 1 000 £ pour un enfant. Dans le développement de l'esprit et du caractère de Katie, l'influence de sa mère fut naturellement très forte. La camaraderie entre eux devint bientôt particulièrement intime, et ce fut la joie de la mère de trouver son *alter ego* dans la fille qui portait son nom.

Les souvenirs de Katie de ses débuts à Londres étaient liés à la mission chrétienne. Main dans la main avec sa sœur Emma, et chantant souvent avec elle "Je veux dire avec Jésus-Christ pour habiter, veux-tu y aller ?" elle marchait chaque dimanche matin sur la grande route qui menait à Whitechapel. Des impressions ineffaçables furent laissées sur son esprit sensible par la prédication en plein air à Mile End Waste, Bethnal Green et Hackney ; par l'esprit apostolique de saint enthousiasme ; par les réunions de prière du vendredi matin, où les officiers se réunissaient seuls pour implorer Dieu et lutter en larmes pour plus de pouvoir. Tout cela est devenu la chaîne et la trame de sa propre vie spirituelle, la préparant à sa haute vocation. Et même si elle ne se souvenait pas du jour de sa nouvelle naissance, elle se souvenait clairement de plusieurs fois où elle s'était consacrée corps et âme à Dieu. Dans un grand bâtiment blanchi à la chaux de l'East End, son père prêchait sur « Les filles du roi sont toutes glorieuses intérieurement » et elle priait pour qu'elle puisse avoir la pureté intérieure qui ferait d'elle une enfant de Dieu. Après une réunion d' ouvriers chrétiens , elle courut chez elle, s'y enferma et donna délibérément son cœur et sa vie au Christ. Elle ne pouvait peut-être pas réaliser tout ce que signifiait son alliance, mais elle comprenait une chose : qu'elle était appelée à s'abandonner complètement pour faire sa volonté et sauver les âmes.

Il y avait beaucoup de rires et de plaisir dans cette maison. Les enfants Booth sont tous nés avec l'instinct dramatique et l'esprit de la mission chrétienne a envahi la crèche. Non seulement les grands drames de la Bible – Joseph et ses frères, David et Goliath, Daniel et les lions, et une vingtaine d'autres – s'y déroulèrent, mais la rencontre et la forme pénitente, l'ivrogne et le rétrograde, l'espoir et le les cas désespérés étaient tous reproduits dans les pièces de théâtre des enfants. Katie et Emma amenaient leurs bébés à la réunion, et les bébés insistaient généralement pour pleurer, au désespoir de Bramwell ou Ballington , qui arrêtèrent de prêcher pour donner l'ordre sévère : « Sortez les bébés du théâtre », contre lequel les mères s'indignèrent. » protesta : « Papa ne se serait pas arrêté, papa aurait continué à prêcher de toute façon. Mais le chef-d'œuvre dramatique était Ballington traitant d'une affaire intéressante - généralement un oreiller - cajolant, traînant, frappant le pauvre pénitent réticent vers le propitiatoire et s'exclamant : « Ah ! c'est une bonne affaire, bénissez-le !... Abandonnez la boisson, mon frère. C'est une scène qui est encore parfois reconstituée pour le plus grand plaisir des nouvelles générations.

Jésus lui-même regardait les jeux des enfants qui chantaient et pleuraient sur la place du marché. La vie n'en est pas moins fatigante pour ses intermèdes de gaieté. Catherine, dramatique jusqu'au bout des doigts, fut très tôt saisie du sens du caractère sacré du devoir. L'idéal moral qui lui était proposé était le plus élevé et sa conscience était extrêmement sensible. Elle était opprimée par le sentiment de ce qui devrait être et inconsolable lorsqu'elle ne parvenait pas à l'atteindre. Un mot de reproche la blessait comme un couteau, et elle pleurait parfois jusque tard dans la nuit si elle pensait avoir fait passer le plaisir avant le devoir. C'est une grande chose de rendre la religion réelle aux enfants, et surtout de leur donner le sentiment de l'obligation de plaire au Christ en tout. Mme Booth trouva Katie prête à aller jusqu'au bout avec elle, et même à la dépasser, dans ses idées sur ce qui était bien et ce qui ne l'était pas pour les chrétiens. Il est amusant d'entendre que lorsqu'un jour la mère sortait acheter de nouvelles robes pour ses petites filles, les mots que Katie lui avait adressés n'étaient pas "Achète-nous quelque chose de joli !" mais "Attention, prenez quelque chose de chrétien!" et que lorsque Mme Booth rentrait à la maison avec ses achats et que Katie se précipitait en bas pour la rencontrer, la première question de l'enfant fut : « Sont-ils chrétiens ?

Mais le sens du devoir peut devenir morbide s'il n'est pas transmué par l'amour. De nombreux serviteurs de Dieu n'apprennent jamais le secret qui rend le joug du Christ facile et son fardeau léger. Ils doivent s'avouer qu'ils ne peuvent pas dire : « Faire Ta volonté, ô Seigneur, je prends plaisir. » Cela aurait été étrange si l'un des enfants Booth n'avait pas appris le secret. Catherine l'a découvert très tôt, l'a appris à fond, et c'est devenu au fil des années l'une des sources cachées de son pouvoir. Enfant, elle vivait en union avec le Christ ; elle a pratiqué et ressenti la Présence Réelle ; elle a compris que le Christianisme est un Service Divin transfiguré par une Divine Amitié. Dans le parc Victoria, il y avait une allée ombragée où elle avait l'habitude de se promener, parce que Quelqu'un marchait à côté d'elle ! A Clifton, où elle a vécu un temps, elle possédait une petite chambre haute dans laquelle elle avait l'impression de ne jamais être seule ! C'était la religion de son enfance, qu'elle n'a jamais eu besoin de changer. Elle l'a trouvé totalement indépendant du temps et du lieu, de la forme et de la cérémonie. Sous l'éclat de la vie publique, dans la tempête des persécutions, à l'heure de la tentation et du danger, elle avait toujours une cathédrale dans laquelle elle pouvait se retirer pour trouver la paix. Elle était spirituellement apparentée aux mystiques hébreux qui vivaient dans le lieu secret du Très-Haut , qui avaient à tout moment un pavillon contre le conflit des langues. Dans sa prison neuchâteloise, elle écrit quelques mots simples qui font frémir le cœur de l'Europe chrétienne :

Le meilleur bien-aimé de mon âme,

Je suis ici seul avec toi ;

Et ma prison est un paradis,

Puisque tu le partages avec moi.

CHAPITRE II

UNE FILLE ÉVANGÉLISTE

Quand le cœur est chaud et plein, les lèvres deviennent éloquentes. Jésus attend de chacun de ses disciples qu'il témoigne en sa faveur. Ses rachetés n'auront besoin que de peu de persuasion pour plaider sa cause. Chaque véritable conversion crée un nouvel avocat pour Son camp. Le mutisme est l'un des signes d'irréalité en religion. Le péché du silence a été dûment châtié, en public et en privé, par les langues de feu que l'Esprit a données à William et Catherine Booth. Leurs enfants ont donc appris que c'est l'appel de chaque chrétien de parler à temps et à contretemps pour Christ, de faire valoir ses droits auprès de ceux qui le veulent comme de ceux qui ne le veulent pas. Katie, semble-t-il, a commencé parmi ses petits compagnons dans le parc Victoria. Sa vieille nourrice se souvient encore de la façon dont elle rassemblait de petits groupes autour d'elle et leur parlait de l' amour du Sauveur . Lorsqu'elle était dans sa douzième année, elle a vécu quelque temps avec une famille à Clifton, avec laquelle elle fréquentait l'Église d'Angleterre. Un dimanche soir, le Vicaire, qui avait remarqué son regard sérieux fixé sur son visage, la fit appeler pour lui parler un peu. Il lui a demandé ce qu'elle préférait dans la Bible, et elle a répondu « L'Expiation ». Il fut tellement frappé par son intelligence qu'il lui proposa une classe pour enfants, qui s'agrandit rapidement. Semaine après semaine, elle parlait aux petits du péché et du Sauveur . Laissant tomber les livres de contes, elle opta pour leur conversion. Devant rentrer chez elle le jour de son douzième anniversaire, dernier jour où elle pouvait voyager avec un demi-billet, elle fit part à sa mère de son grand désir de continuer son travail auprès des enfants. Sa mère consentit volontiers et bientôt il y eut un rassemblement hebdomadaire de jeunes gens dans une pièce du rez-de-chaussée de la maison de Gore Road. Au bout d'un moment, Katie reçut l'aide de sa sœur Emma, qui était sa cadette d'un peu plus d'un an. Des larmes ont été versées, des aveux ont été faits et des vies ont changé dans cette pièce. Et c'est là que deux des plus brillants évangélistes de notre époque ont appris à s'occuper des âmes. Ils étaient à tous égards des âmes sœurs. Longtemps après, on retrouve Emma écrivant à Catherine : « Nous serons toujours des « sœurs spéciales ». Nous étions les deux premières filles de Maman et avons été élevées côte à côte — et côte à côte nous travaillerons et aimerons jusqu'à ce que nous nous tenions à nouveau avec nos enfants en sa présence devant le Trône ! »

Katie avait treize ans lorsqu'elle a pris la parole pour la première fois en public. Personne ne lui a demandé de le faire ; elle céda à un irrésistible élan intérieur. Son frère aîné dirigeait une réunion en plein air en face d'un pub bas au coin de Cat and Mutton Bridge à Hackney. Katie était à côté de lui et murmura : « Je vais dire quelques mots. Son frère était ravi et elle a livré son message avec une franchise et une fluidité qui ont attiré l'attention et ont prouvé qu'elle était une oratrice née. Peu de temps après, elle s'exprima devant le général, qui écrivit à son épouse : « Je ne sais pas si je vous ai dit à quel point j'étais contente que ma chère Katie parle dans les rues dimanche matin. C'était très agréable et efficace. Bénis-la!" "A partir de cette époque", dit M. Booth dans un document de grande importance, "elle continua occasionnellement à prendre la parole dans des réunions publiques, mais ce n'est qu'à l'âge de quatorze et quinze ans, lorsqu'elle se trouva avec moi à Ryde, sur l'île de Wight. , que j'avais pleinement compris et réglé la question. Pendant ce temps, mon fils aîné nous rejoignit pour quelques jours et, avec un ou deux autres amis, tenait des réunions en plein air; à une de ces occasions, Catherine les accompagnait et son frère incitait " Je lui ai dit quelques mots qui, semble-t-il, sont tombés avec une puissance extraordinaire sur la foule d'hommes et d'autres personnes qui l'écoutaient, comme le font habituellement les visiteurs de ces lieux. À leur retour, mon fils m'a décrit les effets de son discours, mais, non étant pleinement émancipée de mes anciennes idées de convenance, j'ai remontré et soulevé des objections telles que, je présume, n'importe quelle autre mère, consacrée mais pas pleinement éclairée, aurait pu opposer à ce qu'elle soit placée dans une telle position publique à un si jeune âge. Me regardant avec beaucoup de solennité et de tendresse, elle me dit : « Maman, ma chérie, tu devras régler cette question avec Dieu, car elle est aussi sûrement appelée et inspirée par Lui pour ce travail particulier que toi. Ces paroles étaient le message de Dieu à mon âme et m'aidèrent à me ressaisir quant au motif de mon objection. Je me retirai dans ma chambre et, après avoir épanché mon cœur vers Dieu, je résolus la question que désormais je ne lèverais aucune barrière. entre n'importe lequel de mes enfants et l'exécution de sa volonté les concernant, en essayant de me réjouir qu'eux, pas moins que moi, soient jugés dignes de souffrir de honte pour son nom.

Dès lors, le chemin de Catherine est clairement tracé. Tout en poursuivant ses études, qui comprenaient un goût particulier pour le français, elle entreprit progressivement de plus en plus de travaux publics. La joie de son père dans ses pouvoirs de maturation a été fréquemment exprimée, et sa compagnie avec lui au cours des six années de travail suivantes est l'une des plus belles choses de la littérature d'évangélisation. "William", a déclaré Mme Booth à propos de cette époque, "écrit qu'il est complètement étonné par Katie; il n'avait aucune idée qu'elle pouvait parler comme elle le fait. Il dit qu'elle est une leader née et qu'elle verra si elle continue à bien voir. des milliers sauvés... Louez Son nom afin qu'elle puisse se tenir à ma place et porter Son nom aux âmes qui périssent. Après avoir tenu des réunions dans différents quartiers de Londres, de Stratford et Poplar à Hammersmith, Catherine commença, juste avant l'âge de dix-sept ans, à mener des campagnes d'évangélisation dans de nombreuses autres grandes villes d'Angleterre, durant parfois trois semaines ou un mois. Le plus grand bâtiment de la ville est très fréquenté dimanche après dimanche, et fréquemment également les soirs de semaine ; des centaines de personnes à qui parler du salut de leur âme chaque semaine ; correspondance et voyages; un travail et une responsabilité incessants – ces choses absorbaient toutes ses énergies corporelles et mentales. Elle n'était qu'une jeune fille frêle et souffrit pendant un certain temps d'une courbure de la colonne vertébrale, qui l'obligeait à s'allonger sur le dos dans une grande faiblesse et une grande douleur. Si elle a néanmoins vaincu, il est évident qu'elle a été « merveilleusement aidée ».

En 1876, Katie était l'une des conférencières à la conférence annuelle au People's Hall de Whitechapel. Lors de son apparition sur la plateforme, elle a été décrite par son ami de toujours, RC Morgan de *The Christian* , comme « une jeune fille fragile et distinguée de dix-sept ans, mi-femme, mi-enfant, un produit caractéristique de la mission chrétienne, dont les paroles tombaient comme l'été ». pluie sur les visages retournés de la foule. Ce fut la Conférence au cours de laquelle fut adoptée la mesure historique de nommer des femmes évangélistes à la seule charge des stations. Miss Booth était réservée « aux tournées d'évangélisation générale ».

Il est intéressant de parcourir les numéros de l'ancien *Christian Mission Magazine* et de découvrir de brefs rapports sur le travail de Catherine. Extrait de Hammersmith (1875) : « Miss Kate Booth [16 ans] a passé un sabbat avec nous, prêchant deux fois avec une grande acceptation. Un large public a été profondément impressionné et certains, nous l'espérons, ont été véritablement convertis à Dieu. De Poplar : « M. Bramwell et Miss C. Booth étaient avec nous. Le dimanche et le lundi soir, la salle était bondée et une trentaine d'âmes présentes aux deux services cherchaient le salut.... Le dimanche de Pâques, le visage d'une sœur a été coupé avec une pierre, et de lourdes pierres sont tombées sur certains à plusieurs reprises ces derniers temps ; mais nous supportons comme voyant Celui qui est invisible. » De Portsmouth : « Miss Booth, assistée de W. Bramwell Booth, a commencé une série de services spéciaux, que Dieu possédait et bénissait pour le salut de nombreuses âmes précieuses. Le matin, Miss Booth prêchait et tout le monde se sentait bien d'être là. Ensuite, une fête d'amour a été organisée par WB Booth dans l'après-midi... Le soir, Miss Booth a prêché dans le music-hall devant plus de trois mille personnes. L'Esprit a appliqué la Parole avec puissance et dix-sept se sont détachés des rangs. du péché et s'est enrôlé sous la bannière de Jésus-Christ. Toujours de Portsmouth, quelques mois plus tard : « Nous avons reçu la visite de Miss Booth avec son frère M. Bramwell, et encore une fois le cher Seigneur a béni leurs travaux dans cette ville. Chaque service était chargé de puissance divine ; beaucoup tremblaient sous la Parole, et des anxieux s'avançaient pour chercher le pardon des péchés, jusqu'à ce que le pénitent et la sacristie soient remplis de ceux qui, dans l'amertume de l'âme, recherchaient le pardon et la paix par Jésus.

De Limehouse (1876) : « Nous avons eu cette chère Miss Booth et son frère, et une journée bénie. Le soir, elle a prêché avec une puissance merveilleuse, et dix ou douze sont sortis pour Dieu. Puissent-ils rester fidèles ! De Portsmouth : "La visite de Miss Booth a été une grande bénédiction du Seigneur pour nous tous. Très peu de ceux qui l'ont écoutée le matin oublieront comment elle nous a supplié de présenter nos corps comme un sacrifice vivant. Oh, que Dieu la bénisse et faites d'elle une grande bénédiction, pour l'amour du Christ." Extrait de Whitechapel (1877) : « Un appel sincère a été lancé lors d'un de nos services du dimanche soir par Miss Booth, de « Courez, parlez à ce jeune homme ». Bien que dans une santé très délicate, le Seigneur l'a secourue avec bénédiction. La parole était avec puissance, et onze âmes se sont décidées pour Jésus, parmi lesquelles se trouvait le converti Potman . Ce jeune homme était un leader dans les ennuis mesquins et malicieux. L'authenticité de sa conversion était en témoigne son abandon du travail dans un pub pour chercher un emploi plus honorable . De Middlesbro ' (1878) : « Miss Booth nous a rendu visite pendant cinq jours, et de nombreuses âmes rachetées par le sang ont été bénies et sauvées. Son premier dimanche avec nous a été un jour de pouvoir, et il ne sera pas oublié de sitôt par les personnes présentes. C'était un spectacle grandiose de voir une grande salle remplie jusqu'à la porte d'auditeurs anxieux, tandis que des centaines de personnes s'en allaient ; mais le spectacle le plus grandiose de tous était de voir des vieux et des jeunes affluer vers la forme pénitente. De Leicester : "Les services de Miss Booth peuvent être résumés dans la déclaration selon laquelle elle avait vingt-deux âmes le premier dimanche soir, et a augmenté sa victoire par la suite jusqu'à la fin."

A Whitby, il y eut une campagne de six semaines, organisée par le capitaine Cadman. Le premier dimanche, « la grande salle, qui peut contenir trois mille personnes, était bien remplie, et après le service, de nombreuses âmes furent amenées à Jésus ». Le deuxième dimanche, "Mlle Booth a été écoutée avec une attention haletante. Après le service , nous avons tiré le filet vers la terre, ayant une multitude de poissons, et parmi eux nous avons trouvé que nous avions attrapé un chasseur de renard, un amateur de chiens, des ivrognes. , un catholique romain, et bien d'autres. Lors des services religieux de la semaine, des âmes étaient sauvées chaque soir. Le propriétaire de la salle avait sorti de gros billets annonçant "Une troupe de patineurs arctiques dans la salle des congrès pendant une semaine", mais il a mis en leur disant que cela ne servait à rien de venir, puisque toute la ville était en train d'être évangélisée ." Les services de clôture « attirèrent de grandes foules de toutes les régions de la ville et de la campagne, riches et pauvres, jusqu'à ce que la salle soit si remplie qu'il n'y avait plus de place debout ». Lors d'une réunion de consécration, "Après le discours de Miss Booth, nous avons formé un grand cercle au centre de la salle, ce qui a fait tomber le pouvoir sur nous ; des centaines de personnes ont regardé avec étonnement et les larmes aux yeux, tandis que d'autres se sont entièrement donnés à Dieu. .. Les ministres, comme Nicodème autrefois, sont venus voir par quelle puissance ces miracles étaient accomplis et, retournant dans leurs congrégations, résolus de mieux servir Dieu et de prêcher l'Évangile plus fidèlement à l'avenir.

De Leeds : "Miss Booth au cirque. Un mois glorieux. Des pécheurs au cœur dur brisés. Mieux encore, notre propre peuple s'est heureusement rapproché de Dieu. Le dimanche matin, les fêtes d'amour de neuf heures à dix heures.... Il serait impossible de donner ne serait-ce qu'un aperçu des divers et glorieux cas de conversion qui ont retenu notre attention au cours du mois écoulé. Car en vérité, le Christ a amené à son bercail des riches et des pauvres, des jeunes et des vieux. De Cardiff : « La question : « Cette œuvre est-elle valable ? » a reçu une magnifique réponse dimanche. Les foules qui ont rempli le Stuart Hall, pour entendre Miss Booth, étaient les plus nombreuses que l'on puisse se souvenir d'avoir vues au cours des quatre années de l'histoire de la Mission là-bas. De King's Lynn : « Mission de Miss Booth . La ville a reçu une visite royale du Seigneur des Seigneurs et du Roi des Rois. Il y a eu un grand réveil, des tremblements et un tournant vers le Seigneur. Des familles entières ont été sauvées et des familles entières Les tribunaux ont cherché le salut. Notre réunion de sainteté ne sera jamais oubliée... Le travail ici se poursuit glorieusement. Non seulement à Lynn mais à des kilomètres à la ronde de la ville, il est bien connu qu'un travail merveilleux a été accompli et est toujours en cours. "

Toutes ces batailles et toutes ces victoires étaient naturellement suivies par le général avec un intense intérêt, et aussi souvent qu'il était possible , il était aux côtés de sa fille. Mme Booth les a rejoints alors qu'ils ouvraient ensemble une campagne à Stockton-on-Tees et a envoyé ses impressions à un ami. "Pa et Katie ont eu un début béni hier. Théâtre bondé le soir et quinze caisses. J'ai entendu Katie pour la première fois depuis que nous étions à Cardiff. J'ai été étonné de l'avancée qu'elle avait faite. J'aurais aimé que tu sois là, je Je pense que vous auriez été aussi heureux que moi. C'était doux, tendre, puissant et divin. Je ne pouvais qu'adorer et pleurer. Elle ressemblait à un ange, et les gens étaient fondus et envoûtés comme des enfants. Le général commença à l'appeler sa « Blücher », car elle contribua à remporter de nombreuses batailles acharnées qu'il aurait pu perdre autrement. Lorsque les voyous menaçaient de prendre le dessus lors d'une réunion, il disait : "Mettez Katie, elle est notre dernière carte ; si elle échoue , nous mettrons fin à la réunion."

« Je me souviens, écrit son frère aîné, d'un exemple frappant de cela, survenu dans une certaine ville du nord, un dimanche soir. Une foule rassemblée aux portes du théâtre, composée des gens les plus bas et les plus grossiers de la ville, qui, accablants, Les portiers se pressèrent dans le bâtiment et prirent possession complète d'une des galeries, de sorte qu'au moment où le reste du théâtre fut occupé, cette partie représentait une scène plus semblable à une salle de spectacle bondée que la galerie de ce qui était destiné. à l'époque, c'était un lieu de culte. Des rangées d'hommes étaient assis en train de fumer et de cracher, d'autres parlaient et riaient à haute voix, tandis que beaucoup, portant des chapeaux, se tenaient dans les allées et les passages, échangeant çà et là des plaisanteries et des critiques des plus grossières. avec peu d'entracte pendant les exercices d'ouverture, et les plus timides d'entre nous avaient pratiquement perdu espoir quant à la réunion, lorsque Miss Booth se leva et, debout devant la petite table juste devant les feux de la rampe, se mit à chanter avec tant d'émotion et d'onction. comme il est impossible de le décrire avec une plume et de l'encre,

« Les rochers et les montagnes s'enfuiront tous.

Et tu auras besoin d'une cachette ce jour-là.

Il y eut un silence instantané dans toute la maison ; après avoir chanté deux ou trois strophes, elle s'arrêta et annonça son texte : « Laissez-moi mourir de la mort du juste et que ma fin dernière soit comme la Sienne. Pendant qu'elle faisait cela, presque toutes les têtes de la galerie étaient découvertes, et en quinze minutes, elle et chacune des mille cinq cents personnes présentes étaient complètement absorbées par son sujet, et pendant quarante minutes personne ne bougeait ni ne parlait parmi cette foule indisciplinée, jusqu'à ce que elle lança son dernier appel et appela à des volontaires pour commencer une nouvelle vie de justice, lorsqu'un grand homme à l'allure de terrassier se leva et, au milieu de la foule dans la galerie, s'écria : « Je vais en faire un ! Il a été suivi par trente autres personnes cette nuit-là. »

CATHERINE BOOTH
(D'après un portrait d'Edward Clifford, exposé à la Royal Academy
et présenté à Mme Booth)

Les espoirs du général concernant le jeune gagneur d'âmes pourraient bien être grands et confiants. "Papa", a écrit Mme Booth, "dit qu'il s'est senti très fier d'elle l'autre jour alors qu'elle marchait à ses côtés en tête d'un cortège suivi d'une foule immense. Il s'est tourné vers elle et a dit : 'Ah, ma fille, tu porteras une couronne tout à l'heure.

Avec quels désirs et prières la mère de cet *enfant prodige* a suivi une telle carrière, cela est indiqué dans ses lettres. " Oh ! il me semble que si j'étais à votre place, jeune, sans soucis ni inquiétudes, avec un tel départ, une telle influence et une telle perspective, je ne pourrais pas me contenir de joie. J'aspirerais en effet être « l'épouse de l'Agneau » et le suivre dans le combat pour le salut de l'homme pauvre, perdu et misérable... Je ne veux pas que vous fassiez des vœux (à moins, en effet, que l'Esprit ne vous conduise à faites-le), mais je veux que vous mettiez votre esprit et votre cœur à gagner des âmes et que vous laissiez tout le reste au Seigneur. Lorsque vous ferez cela , vous serez heureux - oh, si heureux ! Votre âme trouvera alors un repos parfait. Seigneur, accorde -le-toi, mon cher enfant... J'ai fait « attention à

beaucoup de choses ». Je veux que tu ne te soucies que d'une *seule* chose...
Attends-toi, mon enfant, vers l'éternité - *sur* , et ON, et ON. Tu dois vivre
pour toujours . Ce n'est que l'enfance de l'existence - les jours d'école , le temps.
Alors sera la grande, grande et glorieuse moisson éternelle.

Quels que soient les dons de la jeune évangéliste, elle refusait de se considérer
comme différente aux yeux de Dieu du plus pauvre et du plus méchant des
pécheurs. Si Dieu l'aimait, il aimait tout le monde d'un amour égal. Cette
conviction était le moteur de toute son évangélisation. Pour elle, une
expiation limitée était impensable. Combien de fois n'a-t-elle pas fait chanter
à de vastes auditoires le grand hymne de son père : « Ô salut sans limites, si
plein et si libre ! Alors qu'elle menait une campagne remarquable à
Portsmouth, elle se trouva un jour parmi plusieurs ministres de la ville, dont
l'un, dans son admiration pour elle et son travail, persista à la qualifier d' élue
. Cela a donné lieu à une discussion animée sur les élections. Katie écouta un
moment, mais finit par perdre patience et, se levant, se livra ainsi : « Je ne fais
pas partie des élus et je ne veux pas l'être. Je préférerais être avec les pauvres
diables dehors plutôt qu'avec vous. à l'intérieur." Après avoir déchargé cette
bombe , elle s'est envolée vers sa mère. "Oh!" elle a crié, "qu'ai-je fait?"
Lorsqu'elle répéta ce qu'elle avait dit, sa mère, dont le rire était toujours
chaleureux, poussa un cri de joie. L'élection, telle qu'elle était communément
enseignée, était un véritable poison pour la mère de l'armée. La doctrine selon
laquelle Dieu, par simple bon plaisir, a élu *certains* à la vie éternelle la rendait
folle d'indignation. Alors que son fils Bramwell séjournait quelque temps en
Écosse, elle lui écrivit : « Il semble qu'une particularité de l'horrible doctrine
du calvinisme soit qu'elle rende ceux qui la soutiennent beaucoup plus
intéressés et inquiets de sa propagation que de la diminution du péché et du
péché. le salut des âmes... Il se peut que Dieu bénisse votre fronde et votre
pierre pour délivrer son serviteur de la patte de cet ours de l'enfer : le
calvinisme.

On se demande naturellement ce qu'est devenue l'éducation de Catherine
pendant tout ce temps. Sur ce sujet également, Mme Booth avait des opinions
bien arrêtées. Quand sa fille avait seize ans , elle lui écrivait : « Vous ne devez
pas penser que nous n'accordons pas une juste valeur à l'éducation, ou que
nous sommes indifférents à ce sujet. Nous nous sommes refusés aux
nécessités communes de la vie pour vous donner le meilleur de notre
pouvoir. et je pense que cela a prouvé que nous y accordons une juste valeur.
Mais nous mettons Dieu et la justice *en premier* et l'éducation en second, et si
j'avais la vie à recommencer Je devrais être encore plus précis... Je voudrais
que vous appreniez à rassembler vos pensées avec force et bien, à penser
logiquement et clairement, à parler avec force, c'est-à-dire *avec* un langage bon
mais simple, et à écrire lisiblement et bien, ce qui aura plus à voir avec votre
utilité que la moitié des connaissances utiles que vous auriez à acquérir

pendant votre temps au Collège. " Lorsque le directeur d'un collège pour dames, qui avait assisté aux réunions de Mme Booth et avait été béni, proposa de recevoir Catherine et l'éduquer gratuitement, Mme Booth, après avoir visité le Collège et respiré l'atmosphère du lieu, a décliné l'offre alléchante avec des remerciements. Certains seront, bien sûr, disposés à remettre en question la sagesse de la décision de la mère. Il ne devrait pas être impossible de combinez le savoir le plus noble avec la foi la plus fervente. Pourtant, chaque discipline doit être jugée par ses fruits. Combien de Catherine Booths ont jusqu'ici été produits par Newnham et Girton ?

Longtemps après que Catherine II eut quitté son pays natal, elle continua à recevoir des lettres de ses convertis anglais et, lorsque, après de nombreuses années, elle reprit son travail d'évangélisation en Angleterre, des gens qu'elle n'avait jamais vus et dont elle n'avait jamais entendu parler auparavant venaient. et dites-lui qu'ils ont été sauvés grâce à sa mission à tel ou tel endroit. Tous ces témoignages étaient comme des cloches qui résonnaient dans son âme. Un parmi tant d'autres peut être résonné. Écrivant à Paris en 1896, Henry Howard, aujourd'hui chef d'état-major de l'armée, a déclaré : « Je n'ai certainement jamais oublié votre campagne d'Ilkeston il y a seize ans, lorsque Dieu a fait de votre âme une messagère pour mon âme. porte ouverte par laquelle je suis heureux de me rappeler que je suis entré, et pendant ces nombreuses années, votre propre participation à la transformation de ma vie a souvent fait l'objet d'éloges reconnaissants.

CHAPITRE III

LE SECRET DE L'ÉVANGÉLISME

Après de nombreuses victoires au pays, William et Catherine Booth ont commencé à se tourner vers l'étranger. Ils se rendirent compte que « le terrain est le monde » et ils désiraient ardemment commencer leurs opérations sur le continent. À l'été 1881, avec de grands espoirs et quelques craintes naturelles, ils consacrèrent leur fille aînée à la France. En lui donnant le meilleur d'eux-mêmes. Aussi délicate qu'elle fût, elle était devenue l'une des plus grandes forces spirituelles d'Angleterre. Elle a influencé de vastes multitudes par quelque chose de plus élevé que la simple éloquence. Partout où elle allait, des réveils éclataient et des centaines de personnes se convertissaient. Il y avait dans ses appels un pathos et une puissance qui les rendaient irrésistibles.

Au moment de son départ, elle reçut de nombreuses lettres d'amis qu'elle avait spirituellement aidés et qui se rendaient compte à quel point elle leur manquerait en Angleterre. Nulle part elle n'avait fait plus de bien , nulle part son absence ne pouvait créer un plus grand vide que dans sa propre maison. Sa sœur Eva écrit : "Je ne supporte pas l'idée que tu sois partie. Tu m'as toujours comprise. J'espère qu'un jour tu pourras t'être utile, en échange de tout ce que tu as fait pour moi." Et son frère Herbert lui écrit : "Tu ne peux pas savoir à quel point j'ai senti ton départ. Le coup est venu si soudainement. Tu étais parti. Seul Dieu et moi-même savons combien j'avais perdu en toi. Je peux honnêtement dire que tu as été *tout.* pour moi, et sans vous , je n'aurais jamais été où et ce que je suis spirituellement à présent. Que Dieu vous bénisse mille mille fois. Oh! comme j'aspire à vous rendre un petit service après tout ce que vous avez été pour moi... Des milliers et des milliers de cœurs vrais et aimants vous portent sur le trône éternel, le mien parmi eux. Vous avez une chance pour laquelle les hommes du passé auraient donné leur sang et pour laquelle les anges mêmes Le ciel convoite."

Il n'y avait pas *d'Entente Cordiale* à cette époque, et à l'idée de se séparer de Katie et de la laisser aller vivre dans les bidonvilles de Paris, Mme Booth a avoué qu'elle « ressentait des choses indicibles ». Dans une lettre à une amie, elle écrivait : « Les journaux que je lis sur l'état de la société à Paris me font frémir, et je vois tous les dangers auxquels notre chéri sera exposé ! Mais si ses craintes étaient grandes, sa foi était plus grande. Lorsque Lady Cairns lui a demandé comment elle avait osé envoyer une fille si jeune et sans protection dans un tel environnement, elle a répondu : « Son innocence est sa force, et Katie connaît le Seigneur. » Et si on demandait à Katie elle-même de définir le christianisme, elle répondait : « Le christianisme est l'héroïsme ! » Pour une fille de cet esprit, y avait-il, après tout, quelque chose d'aussi formidable chez le peuple français ? N'y avait-il pas plutôt une harmonie préétablie entre elle et la douce terre de France, comme semblait déjà l'indiquer sa remarquable prédilection pour la langue française ? Existe-t-il une nation au monde aussi chevaleresque que les Français ? Quelle nation est-elle si sensible au charme des manières, au pouvoir magnétique de la personnalité ? Y a-t-il une nation, malgré toute sa haine du cléricalisme, dotée d'un sens aussi infaillible de la beauté de la vraie sainteté ? *Courage, camarade !*

Quelles ont été les idées avec lesquelles Catherine a commencé son travail à Paris ? Quel était son plan de campagne ? Comment espérait-elle conquérir ? Sur ces points, écoutons-nous. « J'ai vu, dit-elle, que le pont vers la France était de faire croire en moi aux Français. C'est ce que les protestants ne comprennent pas. Ils prêchent la Bible, ils écrivent des livres, ils proposent des tracts. Mais cela ne veut pas dire faites le travail. « Maudits soient vos bibles, vos livres, vos tracts ! crient les Français. J'ai vu des milliers de testaments donnés en vain. Je les ai vus déchirés pour allumer des cigares. Et la conviction qui a pris forme dans mon esprit était que, à moins que je ne puisse m'inspirer la foi, il n'y aurait pas de L'espérance. Ce n'est que si Jésus est élevé dans la chair et le sang qu'il attirera aujourd'hui tous les hommes à lui. Si je ne peux pas *lui donner*, j'échouerai. La France n'a pas attendu jusqu'ici la religion, la prédication, l'éloquence. il en faut davantage. "Moi qui te parle, c'est Lui" - il y a un sens dans lequel le monde attend cela aujourd'hui. Vous pouvez dire que cela conduit au fanatisme, à toutes sortes d'erreurs; et pourtant je viens toujours Revenons-y. L'idée première du Christ, son moyen de sauver le monde, est, après tout, la personnalité. Le visage, le caractère, la vie de Jésus doivent être vus dans les hommes et les femmes. C'est le pont vers les masses bouillonnantes qui qui ne croient en rien, qui détestent la religion, qui crient : « A bas Jésus-Christ ! Quelle sympathie j'ai ressentie envers eux en écoutant leurs cris de colère contre quelque chose qu'ils n'avaient jamais vraiment vu ni connu. Ils crient "Jésuites", mais ils n'ont jamais vu Jésus. S'ils le voyaient, ils le "recevraient" avec joie. .' C'est la religion des prêtres qui les a rendus amers. "De l'argent pour être baptisé ! De l'argent pour se marier ! De l'argent pour être enterré !" " C'est ce que je les ai entendus murmurer. Ah ! ils sont prompts à reconnaître le comédien dans la religion, et tout aussi prompts à reconnaître la réalité. La France est plus sensible à l'amour désintéressé qu'aucune nation que j'ai jamais connue. La France n'acceptera jamais une religion sans sacrifier.

" Telles sont les convictions avec lesquelles j'ai commencé le travail à Paris, et si je devais le recommencer aujourd'hui, je continuerais dans la même direction. Quand j'ai su ce que j'avais à faire, mon esprit était en paix. " J'ai dit : " Nous nous préparerons pour eux ; ils sauront où nous vivons, ils pourront nous surveiller jour et nuit, ils verront ce que nous faisons et nous jugeront. " Et ce qui était merveilleux dans ces premières années de notre travail en France et en Suisse, c'était *la flamme*. Nous l'allumions tout au long de la ligne. Partout où nous allions, nous emmenions le feu avec nous, nous l'attisons, nous le communiquions. Nous ne pouvions nous empêcher de le faire. donc, parce qu'il était en nous, et c'est ce qui faisait que nous souffrions. Le feu devait brûler en nous jour et nuit. C'est notre symbole : le feu, le feu !

Seigneur, ce que mon coeur réclame ,

C'est le Feu...

Le seul secret de la Victoire,

C'est le Feu.

Nous savons tous quel est le feu. Ça réchauffe et ça brûle ; elle brûle les pharisiens et fait fuir les lâches. Mais le monde pauvre, tenté et malheureux sait par qui il est allumé et dit : « Je te connais qui tu es, le Saint de Dieu !

"C'est ce qui remplissait les salles du Havre et de Rouen, de Nîmes et de Bordeaux, de Bruxelles et de Liège. Nous personnifiions Quelqu'un, et c'était cela qui l'attirait. Je n'ai pas la suffisance insupportable de supposer que c'était quelque chose en *moi* qui les attirait. suis-je ? Poussière et cendre. Mais si vous avez le feu, il attire, il fond ; il consume tout égoïsme ; il vous fait aimer comme Lui aime ; il vous donne un cœur d'acier pour vous-même et le cœur le plus tendre pour les autres. ; cela vous donne des yeux pour voir ce que personne ne voit, pour entendre ce que d'autres ne se sont jamais donné la peine d'écouter. Et les hommes se précipitent vers vous parce que vous êtes ce que vous êtes ; vous êtes tel qu'Il était dans le monde ; vous avez Sa sympathie, son amour divin, sa patience divine. C'est pourquoi il vous donne la victoire sur le monde ; et qu'est-ce que l'argent, que sont les maisons, les terres, quoi que ce soit, comparé à cela ?

"C'était la seule attraction. Quand je suis allé en France, j'ai dit au Christ : 'Moi en Toi et Toi en moi !' et maintes fois, face à une foule riante et moqueuse, à moi seul, j'ai dit : " Toi et moi leur suffisons. Je ne te laisserai pas tomber, et tu ne me laisseras pas tomber. " C'est quelque chose dont nous n'avons qu'effleuré la frange. C'est une vérité presque hermétiquement scellée. Ce serait un sacrilège, ce serait une profanation, ce serait mal, injuste, injuste si le pouvoir divin était donné dans d'autres conditions que le soi absolu. -l'abandon. Quand je suis allé en France, j'ai dit à Jésus : 'Je souffrirai n'importe quoi si Tu me donnes les clés.' Et si on me demande quel était le secret de notre pouvoir en France, je réponds : Premièrement, l'amour ; deuxièmement, l'amour ; troisièmement, l'amour. Et si vous demandez comment l'obtenir, je réponds : Premièrement, par le sacrifice ; deuxièmement, par sacrifice ; troisièmement, par le sacrifice. Le Christ nous a aimés passionnément et aime être aimé passionnément. Il se donne à ceux qui l'aiment passionnément. Et le monde n'a pas encore vu ce qui peut être fait dans ce sens.

CHAPITRE IV

LE CHRIST À PARIS

Au début du printemps 1881, le capitaine Catherine Booth et ses intrépides lieutenants, Florence Soper, Adelaide Cox et Elizabeth Clark, qui bénéficièrent du privilège de son exemple et de sa formation, commencèrent leur vie à Paris. Plus tard , ils furent rejoints par Ruth Patrick, Lucy Johns et d'autres. Peu de temps après, ils furent rejoints par le plus jeune fils du général, Herbert Booth, qui est fier d'avoir reçu son premier œil au beurre noir en aidant sa sœur lors de ces premiers combats, et par Arthur Sydney Clibborn , qui vécut une vie de dévouement et d'héroïsme sans précédent, et plus tard devint l' époux de la Maréchale . Des années avant que le chanoine Barnett et sa bande d'hommes d'Oxford ne soient attirés à Whitechapel, ces jeunes filles anglaises fraîches se sont installées dans un quartier similaire de la capitale française. Quelles impulsions chimériques les ont amenés là ? Ils n'avaient aucun idéal social ou politique à réaliser . Ils n'étaient pas persuadés que l'altruisme vaut mieux que l'égoïsme, que l'enthousiasme de l'humanité est plus noble que la recherche du plaisir ou l'amour de la culture. Ils ne se lassaient pas des conventions de la société et cherchaient une nouvelle sensation dans les bidonvilles. Ils ne jouaient pas aux soldats. Mais eux aussi avaient leurs rêves et leurs visions. Ils aimaient le Christ et souhaitaient voir le Christ victorieux à Paris. En arrivant dans un désert de pauvreté, de misère et de vice, ils ont osé croire qu'ils pouvaient faire en sorte que le désert se réjouisse et fleurisse comme la rose. Ils avaient la foi qui se moque de l'impossible.

La première lettre que Catherine reçut de son père après son arrivée en France respirait une tendre affection et un ardent espoir. "Oh, mon cœur aspire à toi ! Comment pourrais-tu craindre un seul instant que tu me sois moins proche et moins cher à cause de ton courageux départ vers un pays étranger pour m'aider dans le grand dessein et la lutte. de ma vie ? Ma chérie, tu es plus proche et plus chère que jamais... La France s'accroche à toi dans une mesure effrayante à contempler, et tu dois veiller à ta santé, car nous ne pouvons continuer sans toi. Nous attendrons avec impatience des informations sur le moment où vous commencerez. Tous ceux qui vous ont entendu et vous connaissent ont la plus grande confiance dans le résultat. Néanmoins , je serai heureux que vous vous mettiez au travail, car je sais que vous ne serez pas tranquille dans votre esprit. jusqu'à ce que vous ayez vu quelques pécheurs français écrasés sous la forme pénitente.

De sa propre main Catherine a hissé le drapeau au 66 rue d'Angoulême , à Belleville. Il y avait ici une salle pour six cents personnes, située dans une cour accessible par une rue étroite. La majeure partie du public qui s'y réunissait soir après soir était issue de la classe artisanale. Certains étaient des jeunes hommes d'un type inférieur, et c'est d'eux que provenaient les perturbations qui régnaient. L' humour français est vif et il y a eu de nombreuses sorties animées aux dépens des orateurs et des chanteurs présents sur l'estrade. Chaque faux accent, chaque expression erronée, chaque parole ou geste inattendu était accueilli par un éclat de rire. Mais la gaieté était superficielle, et l'expression des visages des hommes fatigués, des femmes harcelées et des enfants pâles était celle d'une mélancolie installée. Catherine sentait instinctivement que ce dont ils avaient besoin était un évangile de joie ; certainement pas la prédication de l'enfer, car ne vivaient-ils pas en enfer ? Ces frères et sœurs qui travaillaient étaient la multitude pour laquelle Jésus avait compassion.

Les réunions se tenaient nuit après nuit, et pendant six mois le capitaine ne fut absent que le samedi. C'étaient des jours de combat, et elle se battait, pour reprendre sa propre expression, comme un tigre. Elle a dû d'abord combattre son propre cœur. Elle connaissait ses capacités et Dieu avait fait de grandes choses à travers elle en Angleterre. Le passage d'un public de cinq mille auditeurs fascinés dans le cirque de Leeds à une poignée d' *ouvriers moqueurs* dans le quartier de Belleville à Paris était en effet une antithèse conflictuelle. Il se passa quinze jours sans un seul pénitent, et Catherine était toujours si malade qu'il était douteux qu'elle puisse rester en campagne. Cette quinzaine fut probablement une des épreuves suprêmes de sa foi. Le travail semblait si désespéré ! Il n'y avait rien à voir. Mais pour le Capitaine, la foi signifiait *continuer* . Cela signifiait dire à son cœur : « Tu peux souffrir, tu peux saigner, tu peux te briser, mais tu continueras. » Elle continua, croyant, priant, combattant, et finalement le cours de la bataille tourna.

Le début de ce qui s'est révélé être une réunion mémorable s'est avéré plus que d'habitude peu prometteur. L'une des bourreaux, une femme terrible, connue sous le nom de « femme du diable », s'est surpassée cette nuit-là. Elle était d'une taille immense et se tenait dans la salle avec les bras sur les hanches et les manches retroussées au-dessus des coudes, et d'un simple clin d'œil, elle faisait crier et hurler tout le monde. En cette occasion, il n'y avait rien qu'elle ne tournât en ridicule. La fête devint rapide et furieuse, et une partie du public se leva et commença à danser. La rencontre semblait perdue ; mais, par un coup de maître, le chef transforma la défaite en victoire. À travers le vacarme, elle a crié : " Mes les amis ! Je vous donne vingt minutes pour danser, si vous me donnez ensuite vingt minutes pour parler. Etes-vous d'accord ? » Un bel *ouvrier grand, brun, en blouse bleue, qui avait été l'un des meneurs des troubles, se leva d'un bond et dit : « Citoyens, ce n'est que fair-play »* et ils furent tous d' accord . leur danse, et à la fin du temps fixé, l' *ouvrier* , debout, sa montre à la main, s'écria : « C'est fini, citoyens ; c'est au tour du capitaine!" Le marché fut tenu. Tout le monde s'assit, et un silence extraordinaire remplit la salle. Non pas pendant vingt, mais pendant une heure et vingt minutes, le chef tint la réunion dans le creux de sa main. Quand l'audience sortit, le grand *ouvrier* resta en arrière, et Catherine descendit jusqu'à l'endroit où il était assis, au fond de la salle. Avec son visage ciselé et sa bouche ferme, il ressemblait à un homme qui aurait pu en voir un brûlé vif sans bouger un mouvement. muscle.

" Merci, " dit le capitaine, " vous m'avez aidé ce soir. Avez-vous compris ce que je dis ? "

"Je crois que tu crois ce que tu dis."

"Oh ! bien sûr que je crois."

"Eh bien, je n'en étais pas sûr avant." Avec un soupir, il ajouta : « Avez-vous le temps d'écouter ?

"Oui certainement."

Il était minuit et ils étaient seuls. Tandis qu'il commençait, sur le ton le plus doux, à raconter l'histoire de sa vie intérieure, elle sentit la délicatesse de l'âme qui se cache sous les dehors les plus rudes. Il a déclaré : "J'avais le foyer le plus heureux de tout Paris. J'ai épousé la femme que j'aimais, et au bout de douze mois, un petit garçon est venu chez nous. Trois semaines après, ma femme a perdu la raison, et maintenant elle est dans un asile. Mais il y avait toujours mon petit garçon. C'était un bel enfant. Nous mangions ensemble, dormions ensemble, marchions et parlions ensemble. Il était tout le monde pour moi. Il était le premier à me saluer le matin et le premier à m'accueillir. moi le soir quand je rentrais du travail. Cela a duré jusqu'à la sixième année, et puis... " Ses lèvres se contractèrent et il détourna la tête. Son auditeur dit doucement : « Il est mort. » Il hocha la tête à peine perceptible et étouffa un gémissement. « Et puis, poursuivit-il, je suis allé au diable. Devant la tombe ouverte du cimetière du Père Lachaise, entouré de centaines de mes camarades, j'ai levé la main au ciel et j'ai crié : « S'il y a un Dieu, qu'il Il m'a frappé à mort !'"

"Mais Il ne vous a pas frappé à mort ?"

"Non."

"Il est très doux et patient avec nous tous. Et maintenant vous êtes venu ici ce soir. Ne vous semble-t-il pas étrange que vous, parmi tous les millions de Français, et moi, parmi tous les millions d'Angleterre, soyez " Vous êtes tous seuls ici à minuit ? Comment expliquez- vous cela ? N'est-ce pas parce que Dieu a pensé à vous et vous aime ?... Est-ce qu'il vous arrive de prier ? "

"Je prie ? Oh, jamais ! Peut-être que j'ai prié quand j'étais enfant, mais jamais maintenant."

"Mais je prie", dit le capitaine, et, s'agenouillant, elle fit une double prière, pour elle comme pour lui. Elle voulait le salut de cet homme pour elle-même et pour son œuvre. Depuis des semaines, elle se battait et priait pour une pause, et elle avait le sentiment que de cette lutte pour une seule âme dépendait tout l'avenir de l'œuvre en France. Tandis qu'elle priait pour son salut du péché, elle priait silencieusement pour sa propre délivrance du doute, de la peur et du découragement. Et les deux prières ont été entendues. Lorsqu'elle ouvrit les yeux, elle vit son visage baigné de larmes. Elle savait que son cœur était fondu et elle lui parla de l'amour de Dieu.

"Mais je l'ai haï. J'ai haï la religion; je suis venu ici pour me moquer de vous; je vous ai appelés jésuites."

"Pourtant, Dieu t'aime."

"Mais pourquoi a-t-il permis à ma femme de perdre la raison ? Pourquoi a-t-il pris mon enfant s'il est amour ?"

"Je ne peux pas répondre à ces questions. Vous saurez pourquoi un jour. Mais je sais qu'Il vous aime."

"Est-il possible qu'Il puisse pardonner à un pauvre pécheur comme moi ?"

"Il est certain."

Émile était conquis. Quelques nuits plus tard, il rendit son témoignage et, pendant sept ans, il resta toujours aux côtés de la Maréchale . Il était sa meilleure aide. Lorsqu'il se levait pour parler, l'attention était immédiate. « Citoyens, disait-il, vous me connaissez tous. Vous m'avez souvent entendu. Ce Dieu que je détestais autrefois, je l'aime maintenant et je veux vous parler de Lui.

Dès lors, les conversions devinrent fréquentes. Le propitiatoire était rarement vide. L'une des premières chansons françaises de la composition de Catherine contenait les idiomes les plus curieux :

Quand je suis souffrant ,

Entendez mon cri, etc.

— Donnez moi Jésus.

Mais elle le chanta avec une telle émotion que ce fut le moyen de convertir une jeune gouvernante intelligente, qui devint l'un de ses officiers les plus dévoués.

Puis une autre conquête éclatante fut réalisée. Une nuit, un rude gaillard, à moitié ivre, s'approcha du Capitaine et lui dit un mot ignoble devant « la femme du diable », qui lui assène un coup qui le fit traverser la salle en criant : « Tu n'oses pas la toucher, elle est trop pure pour nous!" (*Elle est trop pure pour nous !*) Catherine se précipita entre eux et arrêta le combat. Ainsi "la femme du diable " fut gagnée, et dès lors elle se fit rejoindre par deux ou trois autres personnes pour former la garde du corps de Catherine, qui l'escortait la nuit, elle et ses camarades, dans la rue d'Allemagne , qui était un repaire de criminels, et elle l'a vue en sécurité à la porte de son appartement de l'avenue Parmentier .

Lorsque le baron Cederström cherchait la couleur locale pour son tableau "La Maréchale au Café"[1], il se rendit en voiture avec sa femme à un rendez-vous rue d'Angoulême . En approchant de la salle, la baronne aperçut quelques visages et prit peur.

[1] Ce tableau se trouve maintenant dans la galerie de photos de Stockholm. L'artiste, comme on le sait, épousa ensuite Madame Patti.

"Retourne, reviens !" cria-t-elle au cocher.

Le baron essaya en vain de la rassurer.

"Donnez-moi mes sels !" cria-t-elle, ayant l'impression qu'elle allait s'évanouir. "Je n'ai jamais vu de tels visages de ma vie. Ce sont tous des meurtriers et des brigands." A Catherine, qui venait l'accueillir, elle s'écria : « Je suis sûre que le bon Dieu ne *t'enverra pas* au Purgatoire, car tu l'as ici !

« Vous n'avez rien à craindre », fut la réponse ; "Je suis ici tous les soirs." Mais alors que la baronne était conduite vers les sièges avant, elle jetait toujours des regards effrayés sur les gens qu'elle croisait.

Certaines classes politiquement dangereuses ont causé des problèmes pendant un certain temps. Des couteaux ont été exposés et du sang a coulé. Un sergent de police excité déclara une nuit que la moitié des égorgeurs de Paris se trouvaient dans cette salle, et sur ordre des autorités elle fut fermée. Bientôt, cependant, les réunions battaient à nouveau leur plein, et lorsque le frère aîné de Catherine, Bramwell, son camarade dans de nombreuses campagnes anglaises, lui rendit une visite éclair trois mois après son départ de la maison, il fut ravi de tout ce qu'il vit. "Les réunions", écrit-il, "ont lieu tous les soirs. Les congrégations varient de 150 à 400... Le dimanche, à trois heures, j'ai assisté à la réunion de témoignage, qui est réservée aux convertis et aux amis. Environ soixante-dix étaient présents. Miss Booth a pris le centre et a rassemblé autour d'elle une petite compagnie. Je ne peux pas décrire cette réunion. Quand j'ai entendu ces convertis français chanter ce premier hymne, "Plus près du ciel, plus près du ciel", j'ai pleuré de joie, et pendant la saison de prière qui suivait mon cœur débordait. Ici, en utilisant une autre langue, parmi un peuple étranger, presque seul, cette petite bande a fait confiance au Seigneur et a triomphé.... Alors les témoignages ont été invités.... J'ai pleuré et je me suis réjoui, et j'ai pleuré. encore une fois. J'ai glorifié Dieu. Si je n'avais pas entendu ces dix-sept personnes parler dans leur propre langue de la puissance salvatrice de Dieu à Paris pendant ces quelques semaines ! J'exige que tous ceux qui lisent ceci se réjouissent. Je crois qu'ils le feront. Rappelez-vous à quel point c'est une grande tâche. éveiller la conscience avant que Christ puisse être offert, convaincre du péché ainsi que de la justice ; pour appeler à la repentance ainsi qu'à la foi.... La nuit suivante, 300 personnes étaient présentes.... Miss Booth quitta l'estrade alors qu'elle terminait son discours et descendit, comme tant d'entre nous l'ont vue descendre à chez moi, au milieu des gens. Son appel final semblait passer par eux. Beaucoup ont été profondément émus. Certains de ceux assis au fond, qui étaient évidemment venus en grande partie pour s'amuser, tremblaient sous nos yeux et semblaient maîtrisés et adoucis. Dieu travaillait. »

Plus tard dans l'année, le nouveau siège social du quai de Valmy est inauguré. Ici, il y avait une salle pour 1200 personnes. Aucune autre forme de religion ne pouvait attirer une telle assemblée de la classe inférieure des Parisiens qui s'y réunissait la nuit. Les hommes venaient en blouse, gardaient leur casquette sur la tête et, sauf qu'ils s'abstenaient de fumer, conformément à l'avertissement à la porte, se comportaient avec la liberté et l'aisance d'un public de music-hall. Mais la manière sincère avec laquelle la plupart des personnes présentes se joignirent aux hymnes prouvait qu'ils n'étaient pas de simples spectateurs, et il était étonnant que de nombreux hommes rudes, négligés et même d'apparence brutale apprennent bientôt à chanter de bon cœur sans utiliser le livre.

Il y eut une centaine de convertis la première année et cinq cents autres la seconde. Paris elle-même commença à témoigner qu'une bonne œuvre avait été commencée parmi elle. En allant et en revenant de la salle de la rue d'Angoulême , Catherine, qui à cette époque commençait à être affectueusement connue sous le nom de Maréchale , le titre militaire le plus élevé de France, rencontrait souvent un prêtre à qui elle disait toujours : " Bon jour, lundi père ." Un jour, il s'arrêta et dit : "Madame la Maréchale , je veux vous dire que depuis que vous avez commencé votre travail dans ce quartier, l'atmosphère morale de tout l'endroit a changé. Je rencontre les fruits partout et je sais mieux que toi ce que tu fais." Elle sentit que Dieu lui envoyait cette parole d'encouragement.

Une de ses lettres de cette époque indique quel genre d'impression son travail produisait. "Il y a un homme", écrit-elle, "qui a assisté le plus régulièrement à nos réunions. Il écoute avec une attention haletante, et parfois les larmes coulent sur ses joues. Il a reçu une visite et m'a envoyé 70 francs pour notre travail, avec un message qu'il désirait me voir. Je l'ai vu, et il m'en a donné 80 de plus, avec les mots " *Sauvez la jeunesse* ! ". Je l'ai trouvé très sombre et désespéré dans sa peau.... Le suivant La semaine suivante, il m'a encore appelé à l'écart dans la salle, m'a mis 50 francs dans la main, en me disant qu'il espérait que nous aurons bientôt une salle dans tous les quartiers de Paris. « Sauvons les jeunes gens ! » a-t-il encore dit. J'ai répondu : « Oui, mais je veux que vous soyez sauvé. » " Cela viendra ", a-t-il dit et il a quitté la salle. Dimanche après-midi dernier, je l'ai vu pleurer dans un coin de la salle, alors que nos jeunes témoignaient pour Jésus, et, après les services, il a demandé s'il pouvait parler. pendant deux minutes; cette fois, il m'a remis 60 francs en me disant de continuer à prier pour lui. Il a vécu une mauvaise vie et est troublé par la pensée du passé.

On commença à croire communément que la Maréchale pouvait opérer certains types de miracles. Une femme qui avait assisté aux réunions et qui avait été bénie dans son âme, fut convaincue que la dame anglaise avait le pouvoir de chasser les démons, et un jour elle amena une voisine chez le médecin des âmes, en la présentant avec la remarque : « Elle a non pas un mais sept diables. » Le nouveau venu avait une figure effrayante. Elle était tellement ivre, immorale et violente que personne ne pouvait vivre avec elle. Pourtant, elle aussi avait une âme. La Maréchale la fit se mettre à genoux, lui mit les deux mains sur la tête et pria pour que tous les démons soient chassés. "C'est maintenant une autre femme", furent peu après le témoignage de tous ses voisins .

L'un des indices les plus sûrs du succès de l'œuvre à Paris réside dans le fait qu'avant la fin de la première année, il y eut une demande générale pour un journal correspondant dans une certaine mesure au War *Cry anglais* . Ce fut une journée mémorable où la Maréchale et ses officiers étaient assis dans leur appartement de l'avenue Parmentier , comme une coterie de journalistes de Fleet Street, discutant gravement de leur nouvelle aventure. C'était révélateur de la sainte simplicité de la rédactrice en chef qu'elle ait d'abord pensé à changer *The War Cry* en *Amour*. Elle ne se rendait pas compte de la sensation que provoquait le cri « Amour, un sou ! aurait créé dans les Boulevards. Sa proposition a été rejetée, mais sa deuxième suggestion, d'appeler le journal *En Avant*, a été accueillie par acclamation. Cela a été une véritable inspiration. Le journal fut dûment paru au début de 1882 et connut depuis lors un succès considérable. Le fait de crier son nom dans les rues a mis le monde entier et sa femme à réfléchir et à parler. Et si l'Homme de Nazareth était après tout bien en avance sur nos philosophes et hommes d'État modernes, et si cette poignée de filles anglaises parvenait à nous conduire tous *vers* la vraie liberté, l'égalité et la fraternité ?

Les rapports sur le travail en France ont été reçus avec des sentiments de gratitude dans le pays. À « Mes chers chatons » – un surnom familial – son frère Bramwell a écrit : « Nous sommes plus que satisfaits de vos progrès. Le général dit que, pour autant qu'il puisse juger de votre progression dans la formation des gens, elle est supérieure à la sienne. " C'était au début. Je suis sûr que vous devriez ressentir à tout moment la plus vive confiance et le plus grand encouragement. " Et à "Mon cher Blücher ", le général lui-même a écrit : "J'apprécie, j'admire et je remercie chaque jour Dieu pour ton courage, ton amour et ton endurance. Dieu veut et doit te bénir. Nous prions pour toi. Je sens que je revis en toi. Nous vous envoyons tous nos salutations les plus chaleureuses et notre plus tendre affection. Levez les yeux. N'oubliez pas *ma* sympathie. Ne vous embêtez pas à répondre à mes gribouillages. Je n'aime jamais voir votre écriture parce que je sais que cela signifie votre pauvre dos. Souvenez-vous de moi à tous vos camarades. »

"Je sens que je revis en toi." Cette pensée était évidemment habituelle dans l'esprit du général. "Il me demande de te dire ", écrit Emma, "que tu es sa seconde personne." La ressemblance était aussi bien physique que spirituelle. Avec sa grande taille, son visage ciselé , son nez aquilin, ses yeux bleus pénétrants, Catherine devint, au fil du temps, de plus en plus frappante comme son père. Un de ses fils, qui la vit penchée sur le général la veille de sa mort, dit que les deux visages pâles ressemblaient à des fac-similés en marbre.

CHAPITRE V

LIBERTÉ D'ADORER DIEU

À l' automne 1883, la Maréchale devint soudain célèbre en tant que Portia des temps modernes, plaidant avec brio et succès devant un tribunal suisse, devant les yeux de l'Europe, la cause sacrée de la liberté civile et religieuse. Le pays de Tell, la plus ancienne des républiques modernes, a toujours été considéré comme un sanctuaire de liberté. Elle s'est montrée hospitalière à toutes sortes d'idées, même les plus récentes, les plus étranges, les plus antichrétiennes, les plus antisociales. Il existe une affinité naturelle entre l'Angleterre libre et la Suisse libre.

"Deux voix sont là ; l'une est celle de la mer,

Une des montagnes ; chacun une voix puissante :

Dans les deux cas, d'âge en âge, tu t'es réjoui ;

C'était ta musique choisie, Liberté."

Dans le « Traité d'amitié » entre la Grande-Bretagne et la Suisse, rédigé en 1855, il était convenu que « les sujets et citoyens de l'une ou l'autre des deux parties contractantes seront libres, pour autant qu'ils se conforment aux lois du pays, avec leurs familles, d'entrer, de s'établir, de résider et de rester dans n'importe quelle partie des territoires de l'autre." Pourtant, la présence de quelques évangélistes anglais en Suisse provoqua une tempête de persécutions dans laquelle les premiers principes de la liberté religieuse furent aussi violés qu'ils l'avaient jamais été au temps des huguenots.

Lorsque la Maréchale et quelques camarades acceptèrent une invitation urgente en Suisse, elle ne pensait pas qu'elle serait l'héroïne d'un procès historique. Elle est allée prêcher l'Évangile. Elle observait les lois du pays et respectait les susceptibilités religieuses de sa population. Lorsqu'elle entra à Genève, elle ne publia qu'une seule affiche, et cela après qu'elle eut été dûment *visée* ; elle n'autorisait aucune procession, banderole ou fanfare dans les rues. Son seul crime fut d'avoir cherché à gagner l'oreille de ceux qui n'entraient jamais dans un lieu de culte, et elle y réussit merveilleusement .

Si le bon ordre n'était pas toujours maintenu dans ses réunions, ce n'était pas sa faute, mais celle des autorités qui refusaient de faire leur devoir. L'histoire se répète. Comme dans l'ancienne Thessalonique lors de la visite de saint Paul, de même dans la Genève moderne, certains citoyens, « émus de jalousie, prirent pour eux certains vils hommes de la populace, et rassemblant une foule provoquèrent un tumulte dans la ville ». Les meneurs des troubles étaient payés par des trafiquants du vice notoires, qui étaient eux-mêmes souvent vus dans les réunions incitant le public à l'émeute. L'un des premiers convertis, un étudiant, avoua qu'il avait vingt francs par nuit et autant de whisky qu'il pouvait en boire pour faire du tapage.

Le ministère de la Justice et de la Police eut alors pour président un conseiller d'État, M. Héridier , qui crut devoir, non pas punir les coupables, mais bannir leurs victimes. Lors d'une séance du Grand Conseil, il a déclaré : « On nous a demandé d'appeler une compagnie de gendarmerie pour protéger ces étrangers et éviter les bagarres et les querelles. Je n'accepterai pas de prendre une telle mesure. Il y a déjà huit agents de police. dans ces lieux tous les soirs qui ont beaucoup de mal... Ces agents font peut-être ailleurs un travail plus utile, et je suis sur le point de les retirer. Cela signifiait livrer les étrangers à la tendre merci de la foule. C'était une violation flagrante des lois de l'hospitalité et de la chevalerie ainsi que de la constitution d'un pays libre. La cité de Calvin ne connaissait pas le jour de sa visite.

La Maréchale et ses camarades commencèrent leurs réunions au Casino le 22 décembre 1882. La salle était bondée et bientôt fit rage une grande bataille entre les puissances de la lumière et des ténèbres. Une émeute avait visiblement été organisée . Une bande d'étudiants en casquettes colorées , arrivés tôt et prenant possession de la devanture des galeries et d'autres postes importants, se comportaient de la pire manière . Le premier hymne fut interrompu par des cris et des chants grivois, et la prière qui suivit fut presque noyée. Mais la Maréchale n'a jamais été aussi calme et confiante que face à une telle musique. À chaque légère accalmie de la tempête, elle prononçait, d'un ton clair et pénétrant, des paroles pointues qui transperçaient bien des cœurs. En une heure, non seulement elle avait conquis son auditoire, mais elle invitait ceux qui désiraient le salut à se présenter sous la forme pénitente. Les moqueurs d'il y a une demi-heure quittèrent leurs places, tremblants de culpabilité, et, s'agenouillant, la Maréchale chanta, à voix douces, l'hymne :

Reviens , reviens , pauvres pêcheur ,

Ton Père encore t'attends ;

Veux-tu languir loin du bonheur,

Et pécher plus longtemps ?

Ô ! reviens à ton Sauveur ,

Reviens ce soir ,

Il veut te recevoir ,

Reviens à ton Sauveur !

Une étrange influence envahit la réunion, poussant la foule dans un profond silence, et l'Esprit accomplit son œuvre dans de nombreux cœurs.

La Maréchale a dirigé un service similaire la nuit suivante et, la veille de Noël, elle a fait face à un public de 3 000 personnes dans la salle de la Réforme. Sa composition lui appartenait entièrement, car elle n'était jamais aussi inspirée par la pitié et la puissance divines que lorsqu'elle affrontait les pires éléments d'une ville. Les théâtres, les cabarets, les salons de danse, les buvettes et les rendez-vous de la prostitution avaient déversé leur contenu dans la salle. Les socialistes réfugiés à Genève, hommes de toutes nationalités, arrivèrent *en masse* . Une grande partie de l'assistance était si totalement étrangère à l'idée d'adoration ou d'être divin, que le son de la prière provoquait de grands rires moqueurs, avec des questions et des cris de surprise et de mépris.

Mais les soldats du Christ, vêtus de l'armure de lumière, étaient plus qu'à la hauteur des puissances des ténèbres. De nombreuses paroles ailées trouvèrent leur marque, et l'après-réunion dans la plus petite salle, dans laquelle trois cents étaient entassés, fut imprégnée d'un silence de mort, dans lequel beaucoup cherchèrent et trouvèrent le salut. Certains des meneurs de l'émeute s'étaient introduits dans cette pièce ; mais ils restaient parfaitement calmes, visiblement maîtrisés et impressionnés, avec une expression sur leurs visages d'un intense intérêt, qui montrait qu'ils sentaient qu'ils étaient en présence d'une réalité religieuse qu'ils n'avaient jamais rencontrée auparavant. La Maréchale a chanté son propre hymne « Je viens à toi, dans ma misère », et beaucoup se sont joints au chœur :

Oté à nous mes péchés !

Agneau de Dieu, je viens à Toi,

Oté à nous mes péchés .

L'un de ceux que ces paroles attendrissaient écrivait : « J'étais comme le démoniaque de Gadara. Je peux dire que j'étais possédé ; j'ai été enchaîné pendant quinze ans à une vie effroyable... C'est alors que tu es venu. J'ai été d'abord étonné, puis le remords me saisit. Puis suivit un affreux tourment dans mon âme, un véritable enfer. Je résolus d'y mettre un terme d'une manière ou d'une autre. Pourtant je pensais aller vous entendre encore une fois. J'avais été dans l'obscurité et l'angoisse depuis le jour de la première réunion. Je n'avais pu me souvenir d'aucun mot de l'enseignement de ce jour, si ce n'est les paroles du chant sacré ' Ote à nous mes péchés ' (Enlève tous mes péchés). Celles-ci résonnaient dans mon cœur et dans mon cerveau tout au long de la journée et de la nuit blanche – celles-là et celles-là seulement. Accablé de chagrin et de désespoir, je revins à nouveau à la salle de Réforme et à l'après-réunion. Les premiers sons qui tombèrent à mon oreille furent encore ces mêmes mots : « Ote à nous mes péchés », puis vous avez parlé sur les mots : « Même si vos péchés sont comme l'écarlate, ils seront blancs comme la neige » ; tu avais l'air de me parler seul, de me regarder seul - et je sentais que c'était Dieu qui m'avait envoyé là pour entendre ces paroles.

Des centaines de ces lettres ont été écrites. Les preuves arrivaient de toutes parts de bénédictions reçues dans de nombreux foyers, de fils sauvages récupérés, d'ivrognes et d'hommes vicieux transformés par la puissance de Dieu, de lumière et de joie apportées dans des familles sur lesquelles un nuage planait. Non seulement les anarchistes et les prodigues, mais aussi les étudiants en théologie et les enfants de pasteurs ont vu leur vie transformée. Lors d'une réunion réservée aux femmes, à laquelle 3000 personnes étaient présentes, la fille du pasteur Napoléon Roussel a commencé sa nouvelle vie. Son frère avait été l'un des convertis lors de la première réunion dans la salle de la Réforme. Mlle. Roussel sera pendant cinq ans le secrétaire de la Maréchale et l'accompagnera dans une grande tournée américaine. Un étudiant en théologie qui a assisté à une « nuit avec Jésus » la veille du Nouvel An, a écrit : « J'ai passé une longue nuit de garde que je n'oublierai jamais. Depuis lors, je suis toujours heureux et je peux dire « Gloire à Dieu » à chaque heure. du jour."

Mais à mesure que montait la marée de la bénédiction divine, la marée de la haine humaine montait aussi et, au début de février, les « exercices » de l'armée furent interdits par décret cantonal. Une semaine plus tard, la Maréchale , avec une jeune compagne, Miss Maud Charlesworth, aujourd'hui Mme Général Ballington Booth, est expulsée du canton de Genève. Au cours de ses six semaines passées dans la ville , elle avait été utilisée pour provoquer probablement le plus grand réveil dont elle ait été témoin depuis l'époque des réformateurs.

L'un des plus éminents avocats de Genève, Edmond Pictet , qui avait lui-même été grandement béni pendant ces semaines émouvantes, l'a aidée à rédiger un Appel (*Recours*) au Grand Conseil. Il constata cependant qu'elle avait besoin de peu d'aide et remarqua souvent qu'au cœur chaleureux d'un évangéliste elle combinait l'intelligence lucide d'un avocat. Lorsque le Conseil d'État eut délégué deux ou trois de ses membres pour l'entendre au sujet de son appel, elle revint à Genève sous sauf-conduit pour les rencontrer. Au cours de l'entretien, auquel assistait le consul britannique dans la ville, le principal conseiller a déclaré : « Vous êtes une jeune femme ; il n'est pas conforme à nos idées et à nos coutumes que des jeunes femmes apparaissent en public. scandalisé (*froissés*) par cela." La réplique qu'il reçut était une défense si remarquable de « la prophétie des femmes » que nous la donnons dans son intégralité.

"Écoutez-moi, je vous en supplie, monsieur. Il est contraire, me dites-vous, à votre sentiment de ce qui est juste et convenable que des jeunes femmes prêchent l'Évangile. Maintenant, si Miss Charlesworth et moi étions venus à Genève pour agir Dans un de vos théâtres, je ne doute pas que nous aurions rencontré la sympathie et l'approbation de votre public. Nous aurions pu chanter et danser sur votre scène, nous aurions pu nous habiller d'une manière très différente et bien moins modeste que celle-là. dans lequel vous nous voyez habillés ; nous aurions pu comparaître devant un public divers, hommes et femmes, jeunes et vieux, et de toutes classes ; des membres du Grand Conseil, M. Herdier lui-même et d'autres, seraient venus nous voir jouer ; nous aurions dû avoir de l'argent ; Genève aurait payé sans réticence dans ce cas ; et vous seriez tous assis et approuvés ; vous nous auriez applaudi et applaudi ; vous auriez amené vos femmes et vos filles nous voir, et elles aussi J'aurais applaudi. Il n'y aurait rien eu pour vous *froisser* , aucune immoralité dans tout cela, selon vos idées et vos coutumes. Le bruit que *nous* aurions ainsi dû faire n'aurait pas provoqué notre expulsion. Mais quand les femmes viennent essayer de sauver quelques-uns des quarante ou cinquante mille de votre population misérable, moqueuse et irréligieuse qui n'entre jamais dans aucun lieu de culte, quand elles viennent avec un cœur plein de pitié et d'amour pour les ignorants et les pécheurs, et se lèvent. annoncer la bonne nouvelle du salut à ces rebelles, à cette foule, parmi laquelle beaucoup acceptent la nouvelle avec une joie avide, alors vous criez que c'est inconvenant et impudique. Vous n'amèneriez pas vos femmes et vos filles à nous entendre parler de Jésus, mais vous les amèneriez à nous entendre si nous dansions et chantions sur la scène de votre théâtre. Maintenant vous nous avez expulsés ; mais il y a encore à Genève ces multitudes qui sont sombres, perdues, non sauvées ; et vous le savez. Ils sont là; ils existent. Que ferez-vous avec eux ? Dis : que vas-tu faire ? Ne représentent-ils pas un danger ? Leur condition perdue ne crie-t-elle pas contre vous ? »

Le conseiller non seulement fut réduit au silence, mais il se laissa tomber sur sa chaise dans un état d'inactivité temporaire. Pour le moment, du moins, la réalité du tableau qui lui était présenté lui avait touché le cœur.

L' appel de la Maréchale fut néanmoins rejeté, et M. Pictet lui écrivit : « La misérable tempête de colère et de préjugés dont vous avez été témoin et que vos amis déplorent tant, n'a en aucun cas refoulé. Pour ma part, je désespère de toujours voyant que mes concitoyens comprennent bien ce que signifient la liberté religieuse et le respect de l'opinion d'autrui, la seule voie qui reste à l'armée semble donc être celle indiquée dans saint Matthieu X. 23 ! *Vous* avez fait votre devoir, vous ne pouvez pas être On s'attend à ce qu'ils fassent plus que Paul et Barnabas (Actes XIII, 51).

Pendant ce temps, les ennemis de la justice se réjouissaient. Le journal théâtral de Genève a félicité les autorités pour cette expulsion. « Notre théâtre, dit-il, a perdu un redoutable rival et la foule commence à revenir vers nous ».

À cette époque critique , ce ne sont pas seulement les dirigeants civils mais aussi les dirigeants spirituels qui ont été évalués et jugés insuffisants. L'injustice n'aurait guère pu être poussée aussi loin si les Églises ne l'avaient sanctionnée par leur attitude de silence ou d'hostilité ouverte. De nombreux religieux ont pris le parti du gouvernement persécuteur et de la population impie. Le pamphlet le plus amer contre l' *Armée du Salut* a été écrit par Madame la Comtesse de Gasparin , que la foule ravie a saluée comme « une chrétienne s'il en est ». Mais le fait le plus étrange et le plus humiliant de tous fut que la branche suisse de l'Alliance évangélique a décidé, après mûre réflexion, de s'abstenir de prononcer un seul mot pour défendre la liberté religieuse. Il n'est pas étonnant qu'un certain nombre de ses membres les plus influents se soient retirés avec tristesse de sa fraternité.

Bannis de Genève, les évangélistes trouvèrent refuge un temps à Neuchâtel. Intervenant juste après que les autorités eurent interdit les réunions du soir, la Maréchale a convoqué une matinale pour le lendemain. La salle était remplie et les réunions se poursuivaient chaque matin et chaque après-midi, tout au long de la semaine.

Le dimanche matin, à six heures, le rugissement d'une foule de brutes remontant la rue parvint aux oreilles de ceux qui s'étaient déjà rassemblés dans la salle. Tandis que le bruit devenait de plus en plus fort, la Maréchale dit à ses officiers : « Attendez ici et priez ; j'irai à leur rencontre. En franchissant la porte, elle fut aussitôt entourée de gaillards grossiers en manches de chemise, armés de bâtons, de fourchettes et de pierres, qui commencèrent à exiger ce qu'elle voulait dans leur ville et déversèrent sur elle les accusations insensées des bars. .

"S'en aller!" s'écria l'un d'eux, "nous avons nos pasteurs."

"Mon ami", fut la réponse, "vous ne leur faites pas beaucoup d'honneur."

"Voici mon dieu !" (*Voilà mon dieu !*), dit un autre en sortant sa pipe et en la brandissant au visage de la Maréchale .

"Tu en auras besoin d'un autre quand tu mourras."

"Vous voulez notre argent !" cria un troisième.

"Que dis-tu ? Tu le répètes ! Dis-le ! Tu n'oses pas, tu n'y crois pas, tu sais que c'est un mensonge." Et prenant cet homme par le col de sa chemise, la Maréchale le conduisit dans le hall et jusqu'au siège de devant, où il resta assis à écouter avec la plus grande attention pendant deux heures. Deux rangées de pénitents demandèrent grâce à la fin de la réunion.

En juin, le Grand Conseil de Nauchâtel vota la suppression de l' *Armée du Salut* ; Bientôt, Zurich et le canton de Vaud emboîtèrent le pas. Il est alors devenu clair que le seul espoir d'obtenir l'annulation de ces décrets inconstitutionnels résidait dans leur désobéissance. Les juristes consultés ont estimé que c'était le meilleur moyen de contraindre les autorités à revenir sur leurs pas. De nombreux convertis suisses étaient prêts à souffrir pour le bien de leur conscience, mais la Maréchale résolut qu'elle-même, en tant que sujet de la reine Victoria, affirmerait son droit d'adorer Dieu sur le sol suisse. Sous une forme nouvelle, elle poserait la question de l'Apôtre : « Vous est-il permis de fouetter un homme romain et non condamné ? L'intérêt de la situation était d'autant plus grand qu'il s'agissait désormais d'une question de femme. Tout l'esprit du monde moderne était dans la déclaration audacieuse de la Maréchale : « Je suis citoyen britannique ».

Après avoir travaillé quelques mois dans le sud de la France, elle revient à Nauchâtel et enfreint délibérément l'arrêté cantonal. Dans l'après-midi du dimanche 9 septembre, elle a dirigé une réunion à Prise-Imer , dans la forêt du Jura , à huit kilomètres au-dessus du lac. Dans une lettre adressée à l'Angleterre, elle décrit la scène. "C'était un jour inoubliable. Bien avant l'heure, les gens se réunissaient et nous étions plus de 500 qui étaient venus de Nauchâtel pour louer Dieu. Le temps était magnifique. Après tant de peine, de fatigue et un long voyage, nous pouvions nous rencontrer pour parler des choses de Dieu. Les cœurs et les voix s'élevaient ensemble, et cela me réconfortait beaucoup de regarder les visages de nos courageux soldats. Il n'y avait aucun doute sur leur zèle et leur détermination à aller de l'avant.

Pendant que l'hymne « Viens, Esprit ardent , viens » sous les grands pins, une sentinelle postée à l'orée de la forêt annonça que le préfet dans sa voiture, accompagné de seize policiers, approchait. La Maréchale a annoncé la nouvelle au public et a appelé tout le monde au calme et à la confiance.

"N'y prêtez pas attention. Nous aurons quand même une glorieuse rencontre."

Les gendarmes trouvèrent l'assemblée agenouillée et formèrent un cercle autour d'elle, le préfet lui-même se plaçant près de la maréchale . Lui et ses partisans étaient tous impressionnés. Pendant plus de deux heures, ils ont écouté les hommes fascinés. Ils entendirent la Maréchale prier pour le Gouvernement, pour la nation suisse, pour eux-mêmes. Ils l'entendirent parler de la fin et du but de l' *Armée du Salut* : « sauver les perdus, faire de tous les voleurs, ivrognes, exclus et fléaux de la société des citoyens paisibles et loyaux, par la puissance de Jésus pour conduire les nations à Dieu. ". Puis ils ont entendu les témoignages de criminels convertis, dont l'un a raconté ses trois ans de prison. Désignant un détective en civil, il a dit : « Ce policier là-bas me connaît ; il m'a emmené en prison ; mais maintenant je suis un homme changé. » Pas étonnant que le préfet de police ait été profondément impressionné. A la fin du service, il sortit son mandat les mains tremblantes, et balbutia :

"J'ai ici... je devrais..."

"Oui, je sais. Vous avez un décret pour mon arrestation. Pourquoi ne me l'avez-vous pas donné avant ?"

"Eh bien, je ne pourrais pas."

"Oui, une Puissance supérieure à l'homme était là pour vous retenir."

Il ne pouvait retenir son hommage d'admiration. "C'est une œuvre magnifique, si elle dure. Vous ne faites que du bien. Je vous supplie de ne pas me tenir pour responsable de cet acte. Moi, comme d'autres, je vous avais jugé sans vous voir ni vous entendre."

Il devait cependant obéir à ses ordres. La Maréchale et le capitaine Becquet , un de ses officiers, furent mis en état d'arrestation. Alors qu'ils quittaient cet endroit agréable, elle s'exclama : « Comme c'est étrange qu'il ne nous soit pas permis d'adorer Dieu dans ces beaux bois ! Quel dommage de les voir debout, silencieux et inutilisés ! Pour certains de ceux qui ont entendu sa voix ce dimanche soir, l'endroit était à jamais une terre sainte. Dans l'assistance se trouvait un jeune Suisse, Constant Jeanmonod , un des gentilshommes de la nature, qui trouva ce jour-là le salut, se donna corps et âme à Dieu, et devint ensuite l'un des amis et camarades les plus dévoués de la Maréchale dans maintes et dures campagnes. Il est désormais à la tête des travaux en Belgique.

La Maréchale et le capitaine Becquet furent descendus à Nauchâtel et conduits chez M. Comtesse, président du Conseil d'État, qui leur dit : « Vous êtes mes prisonniers, et il est de mon devoir de vous faire enfermer cette nuit. ". La Maréchale venait cependant de recevoir un télégramme la suppliant d'assister aux funérailles d'un brave jeune converti genevois, qui avait poussé une dernière prière pour qu'elle parle près de sa tombe. Elle demanda la permission d'accomplir ce devoir sacré et fut libérée contre une caution de 6000 francs.

Le lendemain matin, une messe eut lieu dans le jardin de la ferme près de Genève où Charles Wyssa était décédé, et là la Maréchale retrouva un ami pour la vie. Mme Josephine Butler était présente et a prononcé un bref discours qui est resté longtemps dans la mémoire de ceux qui l'ont entendu.

Après avoir parlé de sa profonde sympathie pour le travail de l' *Armée du Salut* en Suisse, elle a fait une référence émouvante au fait qu'elle avait perdu sa fille unique et bien-aimée, qu'elle avait prénommée Évangéline dans l'espoir que sa vie serait dédié à l'évangélisation . Un soir fatal, alors que la mère rentrait chez elle après un long voyage, sa petite fille descendit en courant pour la rencontrer et l'accueillir. Dans son extrême impatience de revoir sa mère, l'enfant oublia tout danger, glissa par-dessus la balustrade de l'escalier et fut relevée écrasée et inconsciente. En moins d'une heure, son doux esprit s'était enfui.

"Au cercueil de cette enfant", a déclaré Mme Butler, "j'ai consacré ma vie au soulagement de mes frères et sœurs souffrants et opprimés. Mon grand désir était qu'elle devienne une prédicatrice de la Parole de Dieu. Et maintenant, " ajouta la mère en jetant ses bras autour de la Maréchale , " par un autre cercueil neuf j'ai retrouvé ma fille longtemps perdue, une évangéliste choisie et bénie de Dieu. " Lorsque la Maréchale eut des filles, elle appela l'aînée Catherine Évangéline et la cadette Joséphine.

De ce jardin, la compagnie se dirigea vers le cimetière, où la Maréchale prononça ces belles paroles : « Qui sont ceux qui sont vêtus de robes blanches, et d'où viennent-ils ? Au moment où John Wyssa , le frère cadet de Charles, jetait une poignée de terre sur le cercueil, et murmurait les mots « *Au revoir, mon frère* », le Maire de la Commune s'approcha pour arrêter Miss Booth. À ce moment-là, le colonel Clibborn intervint en disant : « Monsieur ! c'est un enterrement. C'était un type grossier et brutal, très différent du préfet de police de Neuchâtel. Le maire, sans y prêter attention, posait la main sur le bras de Miss Booth, lorsqu'elle se tourna vers lui avec des yeux brillants et lui dit : « Ne touchez pas ! c'est une terre sainte ! Ne voyez-vous pas que nous sommes en présence des morts ? terminez ce service, puis je vous parlerai.

Une fois les funérailles terminées, le maire crut que son tour était enfin venu. Il s'apprêtait à procéder à l'arrestation, lorsque la Maréchale s'y opposa encore.

"Vous ne pouvez pas m'arrêter !"

Le maire le regarda avec perplexité.

"Je dis que vous ne pouvez pas m'arrêter !"

"Puis-je demander pourquoi?"

"Parce qu'avec la meilleure volonté du monde je ne peux pas aller dans deux prisons dans deux cantons en même temps. Je dois être à Nauchâtel ."

Le maire vit qu'elle avait raison et se retira découragé.

La Maréchale revint à Nauchâtel et se rendit à sa caution. Les portes de fer de la sinistre prison se refermèrent sur elle. L'emprisonnement a été partagé par sa fidèle lieutenante, Kate Patrick, qui a refusé de la quitter.

C'était douze jours avant le début du procès. La Maréchale était de santé délicate et tombait fréquemment malade. Les grèves de la faim et le gavage de ces derniers jours l'auraient bientôt tuée. Elle a essayé de manger, mais elle avait peu d'appétit, et le peu qu'elle avait était détruit par l'ail présent dans la nourriture. Les souris perturbaient ses nuits et au petit matin les odeurs qui sortaient des couloirs étaient insupportables. Le seul moyen pour elle de se soulager était de mettre son visage entre les barreaux de fer de la fenêtre et de respirer l'air qui montait du lac. Elle était toujours reconnaissante que son visage soit mince et qu'elle ait simplement traversé les barres froides.

Un matin, à cinq ou six heures, elle fut réveillée par des voix joyeuses chantant des refrains familiers hors des murs de la prison. Elle était très malade, mais elle se traîna de son lit dur jusqu'à la fenêtre, agita la main et cria « Amen ! Puis elle attacha son mouchoir à une barre et le laissa flotter comme un drapeau. Le signal fut reçu par les cris de « Amen, Maréchale , prenez courage, attendez, alléluia !

Au fil du temps, elle s'est retrouvée repliée sur elle-même et a traversé une grande lutte d'âme. Elle avait récemment été victime d'un article cinglant, grossièrement ignorant et cruellement injuste, paru dans un journal religieux, écrit, selon la rumeur , par l'épouse d'un pasteur suisse. Il l'avait accusée de manque de féminité, d'impudeur et de vanité. Elle fit la douloureuse découverte qu'elle ne pouvait pas encore dire : « Aucune de ces choses ne m'émeut ». Les flèches empoisonnées étaient allées profondément, lui arrachant les larmes aux yeux et attaquant sa tranquillité d'esprit. Remarquant par hasard une petite ardoise accrochée au mur de sa cellule, elle la décrocha et se mit à y écrire toutes les accusations que ses ennemis pourraient porter contre elle, en se demandant : « Pourriez-vous écrire votre nom et dire tu acceptes ça, et ça ? Sa conscience l'obligeait à répondre : « Non, il y a certaines choses que je ne pourrais pas supporter. » Elle était consternée en pensant aux épreuves de plus en plus grandes que Dieu pourrait lui demander de subir. Il pourrait la priver de santé. Il pourrait l'envoyer au Japon. Il pourrait lui enlever sa réputation et lui rendre impossible sa défense. Pouvait-elle supporter de telles choses ? Non, elle ne pouvait pas encore signer son nom sous les mots terribles qu'elle écrivait. Avec tristesse, elle remit l'ardoise à sa place, et pendant deux jours elle resta accrochée au mur avec sa liste de choses cruelles qu'elle ne pouvait accepter. Mais pendant ces jours-là, elle réfléchissait et priait. Elle a réprimandé ses doutes et ses craintes. Comment pourrait-elle jamais se méfier de son Seigneur, qui l'avait conduite avec une tendresse si infinie ? Comment imaginer qu'Il lui imposerait un jour plus que ce qu'Il lui donnerait le pouvoir de supporter ? Elle se rapprocha bientôt de ses bras et réalisa que rien n'était vraiment insupportable à part le doute. Prenant son ardoise, elle relut tout ce qu'elle pourrait être appelée à souffrir et signa « Catherine Booth ». Alors les Anges de Dieu remplirent la cellule de la prison ; la paix et la joie du ciel inondaient son âme ; et à partir de cette heure, sa communion avec son Seigneur fut si douce qu'elle baisa les murs de son cachot avant d'être conduite à son procès.

Ce jour-là (19 septembre), elle écrivit sa magnifique chanson de prison, « Le meilleur aimé de mon âme », et l'envoya à son père. Il a été chanté, alors qu'elle était encore en prison, lors d'une grande réunion de prière, à Exeter Hall, au cours de laquelle Mme Butler a pris la parole. Il fut d'abord écrit en français, langue dans laquelle elle pensait désormais habituellement, et traduit par elle-même en anglais. Ce dernier est bien connu et de nombreux lecteurs seront heureux de disposer du français.

Ô Toi que mon âme adore,

Je ne suis pas seule ici ,

Car je T'y retrouve encore,

Et je suis au ciel ainsi ,

Ma vie est à Ton service,

Je T'appartiens sans retour;

Corps et âme en sacrifice,

Je Te suivrai nuit et jour.

Combattons dans la souffrance ,

Et les yeux baignés de pleurs ;

Bien près est la délivrance ,

Voici l'Homme de douleurs !

Sa chasse voix ma tristesse,

Mon chagrin s'est dissipé ;

Je chante avec allégresse ,

Mon cachot HNE transformé !

Au milieu de la tempête

Rien ne peut troubler ma paix ;

Son amour que rien n'arrête pas

Peut-être me garder à jamais.

Le combat est dur, terrible,

L'enfer rugit contre nous;

Maïs l'Armée est invincible :

Avec Dieu nous vaincrons tout.

Durant les douze jours de son emprisonnement, la Maréchale reçut de nombreuses lettres de sympathie et de bonne humeur de la part d'amis suisses, dont les paroles lui prouvèrent combien profonde et réelle avait été l'œuvre de l' *Armée du Salut* dans le pays. L'une des plus intéressantes a été signée par soixante-douze mères, qui ont rendu un joyeux témoignage de la conversion de leurs fils et filles, et deux autres ont été signées par un certain nombre d'épouses louant Dieu pour la conversion de leurs maris.

Des lettres plus intimes parvinrent à Catherine de chez elle, toutes respirant un amour chaleureux, une tendre sollicitude et un ardent espoir que le bien sortirait du mal. « Je vois bien avec vous, » écrivit sa mère, « quant à la main de Dieu dans tout cela, et il semble que lorsque des communautés ou des nations sont plongées dans le péché et les ténèbres, il n'y a aucun moyen de les réveiller autrement que par un tel éclair de conscience. la vérité parmi eux qui provoquerait la persécution. Dieu veut l'attention du peuple, et c'est sans aucun doute le meilleur moyen de l'obtenir.... Peut-être avez-vous raison de plaider votre propre cause, seulement vous devriez avoir quelqu'un. à vos côtés qui connaît la loi. Vous ne serez pas au courant des points de droit, je le crains, sinon je n'ai aucun doute que Dieu vous donnera ce que vous devez dire. Je trouve que c'est une grande chose d'avoir un enfant en prison pour Jésus " pour l'amour ; il ne pouvait y en avoir qu'un plus grand, à savoir être là moi-même ; mais on n'aurait guère cru que cela était possible à notre époque. Comme il est vrai que le diable hait les vrais saints autant que jamais, et que l'esprit de persécution n'est que le seul à pouvoir le faire. a besoin de la présence réelle de l'Esprit de Dieu pour l'invoquer.... Que le Seigneur vous réconforte et vous garde et se révèle *à* vous de plus en plus et fasse de vous une mère des nations, prie votre mère aimante et compatissante .

"Catherine Booth."

La lettre suivante révèle admirablement le cœur du père et du général. À la plus profonde préoccupation pour sa fille bien-aimée s'ajoute le sentiment vif que ses ennemis vont trop loin et lui rendent, à lui et à sa cause, le plus grand service possible. Il écrit : "Ma chérie, personne ne peut dire les inquiétudes que nous avons tous éprouvées à ton sujet pendant cette semaine... Nous avons été réveillés par un messager télégraphique avec un fil de Genève pour dire ' Blücher détenu jusqu'à son procès. Patrick avec elle—tenir à.' La dernière phrase nous remplit de soulagement. Nous l'interprétons comme signifiant que Patrick est avec vous en tant que secrétaire ou femme de chambre, et que vous avez tous vos désirs satisfaits et aucune *difficulté* .... Vous trouverez ci-joint le *Times de ce matin* . Tous les journaux en ont fait état. , de sorte qu'il vole dans le monde entier. *Si votre santé ne souffre pas, je m'en fiche* . Tout fonctionnera pour le bien. Mais à mon avis, votre santé est plus importante que toute la Suisse. Si vous ne pouvez qu'en avoir l'assurance ! Je ne suis pas sûr que cela vous parviendra. Il y aura directement une tempête et ne vous y trompez pas si ces Suisses continuent à ce rythme. Nous vous envoyons tous *tout* notre amour de tout notre cœur et des tas de prières et de sympathie. " Que Dieu vous bénisse et vous garde ! Souvenez-vous de moi au lieutenant Patrick.

"Ton père affectueux,

"Guillaume Booth."

Mme Bramwell Booth, qui, comme Miss Florence Soper, avait été l'une des premières camarades de la Maréchale à Paris, lui écrivit : « J'ai l'impression que vous étiez partie dans un pays où je ne peux plus vous appeler « Katie ». Mais je le ferai. dis, et je le dis au plus profond de mon cœur, ma sainte Catherine, digne de souffrir... Si seulement je pouvais vous implorer de vous rappeler que votre santé est tout. C'est l'aube d'une glorieuse matinée dans votre travail. "- le précurseur d'une glorieuse victoire. Voudriez-vous envoyer un message par l'intermédiaire de Patrick de toute *la vérité - faites-le moi savoir - juste votre Flo - si c'est aussi mauvais qu'une cellule de prison, et est-ce que cela fait le moindre* mal à votre corps ? mal ?... J'aimerais que tu saches, dans ta solitude, combien nous t'aimons tous - j'aimerais que les brises sur le lac puissent t'apporter quelques murmures de ce que nous avons dit de toi. Le Dieu glorieux est notre Dieu pour toujours et toujours, et Ses chars de feu sont avec vous — Son armée invisible est autour de vous. Votre propre Flo. 20. 9. '83.

Sa sœur Emma, qui dirigeait désormais l'École de formation du Palais des Congrès, écrivait : « Que peut-on dire dans de tels moments par rapport à ce que l'on ressent ? Je n'essaierai pas d'écrire. Je prie. Tous les cœurs ici tiennent bon. vous levez sans cesse - votre exemple est devant nous ! La nuit et le jour, je suis avec vous - dans votre chagrin, je trouve votre joie dans ce qui doit sortir de tout. "Ils ne savent pas ce qu'ils font", et de leur "Tous les efforts déployés pour entraver et arrêter l'œuvre de Dieu se propageront au-delà de toute retenue. La perte est grande, ma précieuse sœur, mais la récompense sera infiniment plus grande, et dans les deux cas, il vous aura été permis de partager. Il aurait été plus facile d'être avec toi, mais je me battrai plus fort que jamais dans mon coin ici. Rempli de la plus profonde sympathie et du désir ardent que son royaume vienne en Suisse ! Avec dévouement, Emma. PS. C'est pour ton dos que je tremble le plus, ton pauvre dos ! Je me demande si vous avez des oreillers. Bénissez votre chère petite Pattie [Mlle Patrick]. Oh, à chaque instant, je suis avec vous ! JÉSUS est — Il vous aime, vous choisit et vous honorera !"

Parmi ceux qui écrivirent à la prisonnière se trouvait George Railton[1], qu'elle considérait presque comme son frère aîné. Il avait vécu avec la famille pendant son enfance et, lorsqu'elle était une fille de douze ans et au-delà , elle se levait à six heures du matin - descendant les escaliers pieds nus pour ne pas réveiller sa mère - pour suivre une leçon biblique avec lui. Elle a toujours considéré les conférences de ces heures matinales comme l'une des grandes influences formatrices de sa vie. Railton, qui devint la première commissaire du général, observa sa carrière avec un intérêt profond et affectueux. Il écrivait le 25 septembre : « Chère Maréchale Prisonnière, je reviens tout juste de cette formidable réunion de prière [à Exeter Hall, tenue pour protester contre son emprisonnement], l'une des plus grandes et des meilleures que ce monde ait jamais connue. La façon dont les salves éclataient au bon moment et résonnaient dans toute la salle était splendide. Et la vue de milliers de personnes se levant pour se donner à Dieu, des centaines et des centaines pour le service extérieur, et tous pour le service quelque part, était magnifique... ... J'ai l'impression que, comme ils [les Suisses] ont toujours violé la loi, ils pourraient très probablement le faire en matière de condamnation... Dieu seul sait ce qui va suivre, mais de toute façon, nous gagnerons."

[1] Depuis que ces pages ont été écrites, cet homme remarquable est mort – comme il le souhaitait – avec son armure et a été « promu à la gloire ».

Vers la fin de son emprisonnement, Catherine a écrit : « Dieu nous ouvrira la porte à travers cette tempête. Ma volonté est celle de Dieu. Tout ce que je veux, c'est accomplir son désir pour le monde. Ne vous inquiétez pas du tout. Jésus est là. Il y a une victoire si merveilleuse à venir que tout mon cri est : " Seigneur, rends-nous *égaux* ! — prêts à tous les égards ! Toujours en train de combattre, en prison comme sur le terrain, pour Le connaître. J'ai regardé ce spectacle merveilleux . — Calvaire. Je dois toujours vivre en vue de lui.

Le procès a eu lieu à Boudry les samedi 25 et lundi 27 septembre. Elle a suscité le plus grand intérêt en Suisse et bien au-delà. Le *Journal de Genève* a déclaré: "Cette poursuite contre Boudry a une immense portée politique au sens le plus élevé du terme, et la décision, quelle qu'elle soit, prendra sa place dans l'histoire des droits républicains." Même les plus optimistes n'espéraient guère l'acquittement de l'accusé. Mais l'inattendu s'est produit, et le triomphe de la justice fut le triomphe d'une femme.

Le ministère public a passé beaucoup de temps à prouver que les salutistes étaient des saltimbanques et des fanatiques. Une jeune Anglaise avait lancé une insulte au visage du Grand Conseil, l'accusant de violer la constitution. Son mépris de la loi était d'autant plus surprenant que les Anglais ne se rebellent jamais contre la loi, aussi injuste soit-elle (!). Si l'*Armée du Salut* n'était pas supprimée, ils seraient obligés d'agrandir leurs asiles. Le Christ, qui était peut-être l'homme le plus religieux qui ait jamais vécu, préférait la prière privée à la prière publique. Mieux vaut communier silencieusement avec Dieu que de se lever et de crier « Je suis sauvé ! » Tandis que l'accusée se plaçait au-dessus des lois, la reine d'Angleterre était obligée de se soumettre aux lois du Parlement. Ayant non seulement ignoré, mais délibérément violé le décret, les *Salutistes* doivent en supporter les conséquences, et sans doute seraient-ils heureux de recevoir la couronne du martyre !

Le deuxième jour du procès, après une défense de M. Monnier, la Maréchale se leva pour plaider sa propre cause. Même si elle avait passé douze jours en prison et passé de nombreuses heures dans l'atmosphère suffocante d'un palais de justice bondé, elle a surmonté son épuisement, son esprit maîtrisant son corps fragile. Elle avait l'habitude d'affronter de grandes foules depuis l'âge de seize ans, et elle n'a jamais été plus complètement maîtresse d'elle-même et de son public qu'à cette heure critique. Sa voix n'a jamais été aussi claire, ni ses manières plus autoritaires. Son frère Herbert, qui était présent au tribunal, s'est dit étonné de sa puissance. Tandis qu'elle plaidait la cause de la liberté religieuse, ses auditeurs sentaient qu'elle n'était pas venue pour être jugée mais pour les juger tous. Quelques extraits serviront à indiquer la qualité de son discours.

" A quoi sert l'*Armée du Salut* ? Permettez-moi de lire un passage d'un de vos propres journaux : " Les gouvernements cantonaux verront avec inquiétude le flot de la démoralisation monter de plus en plus haut et de manière menaçante ; et au lieu de chercher à détruire les causes de la démoralisation ce déluge, ils n'enlèvent que les barrages restants. Il est inutile de s'étendre sur la nécessité d'une *Armée du Salut* face à ces faits.

"Le Procureur a dit, en parlant des travaux, qu'ils ont ému toute la population et qu'il doit y avoir une cause à cela. Il a des raisons de le dire. Je suis d'accord avec lui; il doit y avoir une cause bien plus profonde que tout ce qui a été mentionné ici aujourd'hui : c'est à cette cause que nous frappons, qui existe dans le cœur de l'homme.

" Quant à notre objectif, nous essayons d'amener ces gens qui outragent vos lois, qui luttent contre Dieu, aux pieds de Celui qui seul peut les changer, vers le seul espoir qui existe pour eux, le Sauveur du monde. Nous travail, nous vivons, nous souffrons pour cela. Tel est notre seul espoir et notre seul objectif : amener le monde au grand Libérateur, Jésus-Christ.

" Ah ! La question de toutes les questions, la question à laquelle tout homme intelligent devrait se poser, est : que devons-nous faire des masses ? Si elles ne sont pas atteintes par la puissance de l'Évangile, un jour viendra où elles se tourneront vers elles. " se retournera contre vous, occasionnant des troubles et des désordres terribles, et les conséquences seront terribles. Alors, messieurs, vous aurez des raisons de regretter votre action dans cette affaire. Si ces perturbateurs sont capables de manifester une telle haine, une telle rage contre les citoyens qui prient pour Dieu, ils seront aussi capables de manifester le même esprit de rébellion contre toute autre opinion, ou toute autre loi, qui pourrait ne pas leur plaire.

"Nous n'avons pas fait en sorte que les gens soient ainsi. Gardez à l'esprit que nous n'avons pas créé cet état de barbarie terrible, qui s'est déchaîné dans cette salle et qui a fait saigner mon cœur à plusieurs reprises en le voyant. Qui est responsable de cela ? Nous ne pouvons pas le faire, car nous ne sommes dans votre ville que depuis quelques mois.

"Même si nous avons terriblement souffert des fausses déclarations qui ont circulé volontairement à notre sujet, nous ne nous décourageons pas ! Nous savons que la vérité et la justice triompheront bientôt. J'aime d'autant plus la Suisse pour ce que nous avons enduré (*Applaudissements*). Un peu de temps et La Suisse nous aimera et nous gagnerons des milliers de personnes à la justice, à la paix et au paradis.

"Le Procureur a fait référence à la Reine en disant que même elle était soumise aux décrets du Parlement, mais que je me plaçais au-dessus d'elle en refusant de me soumettre aux décrets du Grand Conseil. Il n'y a pas de parallèle entre Sa Majesté et moi. Non une loi a été passée pour lui interdire de prier dans un bois, ou je pense que Sa Majesté aurait quelque chose à dire à ce sujet (*Sensation*).

"Un mot pour conclure. Vous pouvez nous punir ; vous pouvez nous emprisonner ; vous pouvez nous poursuivre aussi longtemps que cela vous est permis ; mais ce que vous ne pouvez pas faire, c'est arrêter ce travail, le supprimer. Méfiez-vous de ce que vous faites pour le bien de votre pays. , pour l'amour de Jésus-Christ. Prenez garde qu'en nous bannissant, vous ne banniez pas la lumière, que vous ne banniez pas Jésus-Christ, et qu'en ce grand jour où vous serez appelé à rendre compte, vous soyez reconnu coupable d'avoir combattu contre Dieu.

Une telle plaidoirie était irrésistible. Le jury n'a pas eu le courage de faire respecter la loi. Pour leur honneur , ils se sont laissés influencer par des considérations d'équité. Ils ont conclu que même si l'accusée avait violé le décret, elle n'avait pas agi avec une « intention coupable ». A la suite de ce verdict, elle fut acquittée. La sentence a été accueillie par ses amis au tribunal avec un éclat de fervents « Amens ». Et la Maréchale méritait les remerciements de tous les patriotes suisses. Par sa revendication audacieuse et réussie de son droit, elle était entrée dans l'histoire. A l'heure où l'ancienne République oubliait ses plus nobles traditions, se trompait, elle restaure son idéal. Elle a revendiqué pour chaque homme et chaque femme la liberté d'adorer Dieu selon sa conscience. Elle a ramené dans les collines et les vallées de la Suisse les droits de la couronne du Rédempteur.

Personne n'apprécie ni ne parle aujourd'hui avec plus d'enthousiasme que la Maréchale du dévouement et de la bravoure de ses camarades, du Colonel Clibborn en premier lieu, et des enfants spirituels de cette époque.

CHAPITRE VI

L'ÂME DE LA FRANCE

Il n'est pas facile d'atteindre les éléments idéaux et spirituels du caractère qui sont masqués par le rire léger ou le mépris poli du Français typique, qui croit, ou fait semblant de croire, que la religion est réservée aux prêtres et aux femmes. A l'ouverture d'une nouvelle salle rue Oberkamff , un gros gaillard brandit le poing au visage de la Maréchale et dit : « Un Anglais peut accepter la religion, un Allemand, ou un païen, mais un Français, jamais ! "Ô Dieu, si Tu existes, sauve mon âme, si j'en ai une !" » C'était la prière d'un autre homme, qui assistait aux réunions depuis un certain temps, et qui indiquait avec un étrange pathos l'état d'esprit ahuri dans lequel étaient plongés beaucoup de gens instruits, aussi bien que d'ignorants. « Qu'on ne s'y trompe pas », disait une écrivaine française, Louise de Croisilles ; "Il n'est en rien anormal que l'armée ait pris racine en Inde, ou même sous le soleil brûlant de l'Afrique, mais qu'elle soit acceptée à Paris, centre de la libre pensée et de l'incrédulité, c'est une chose incroyable."

Pourtant le Français souffre, comme les autres hommes, de « la maladie de l'idéal ». Son cœur est agité jusqu'à ce qu'il repose en Dieu, et c'est une pure infidélité que de dire qu'il ne peut pas être gagné par la grâce de Dieu. S'il est sceptique , c'est parce qu'il n'a aucune conception de la beauté fascinante du christianisme ; s'il est moqueur, c'est qu'il n'a jamais été en contact avec des vies humaines qui lui suggèrent la bonté infinie de Dieu.

Après la grande victoire judiciaire de la Maréchale , qui était en réalité un triomphe de l'Évangile sur ses ennemis, elle rentra à Paris et reprit tranquillement ses tâches. Elle n'avait en rien changé, même si l'opinion publique à son égard avait sans aucun doute changé. Elle était devenue une personne remarquable. Les rédacteurs de journaux et de magazines envoyaient des journalistes à ses réunions quai de Valmy ou au nouveau siège de la rue Auber, et trouvaient les récits piquants de ses paroles et de ses actes d'excellente copie. Les visiteurs de la ville venaient l'entendre. Les artistes sollicitèrent l' honneur de peindre son portrait pour le Salon, honneur qu'elle refusa régulièrement. Le fils de Garibaldi l'a invitée à visiter l'Italie, où, dit-il, elle serait accueillie et non traitée comme elle l'avait été en Suisse. Cependant, aucune de ces choses ne l'émouvait. De même qu'elle avait promis à Dieu dans sa prison qu'elle ne serait jamais déprimée par les calomnies des hommes, elle priait maintenant pour ne jamais être exaltée par leurs louanges. Avec une foi plus forte et une espérance plus ardente, elle se replongea dans un travail passionnant. On voit qu'elle a travaillé avec son imagination ; qu'elle a obéi à ses intuitions; qu'elle prouvait l'originalité et l'inventivité de l'amour ; et ses efforts furent si récompensés que 1884 fut son *annus mirabilis*

, à la fin de laquelle elle écrivit : « Pouvez-vous imaginer la perplexité qui m'envahit lorsque je m'assois pour vous transmettre une idée de la manière merveilleuse dont Dieu a conduit et aidé nous au cours de l'année ?... Il n'est pas exagéré de dire qu'au cours des douze derniers mois nous sommes passés de la position d'une petite mission presque inconnue à celle d'une grande puissance spirituelle, reconnue et ressentie dans toute la France et la Suisse. "

Une série d'inspirations nouvelles ont contribué à ce résultat. La première d'entre elles fut la visite des cafés de Paris. Une nuit d'hiver, la Maréchale et deux jeunes camarades, Blanche Young et Kate Patrick, sortirent avec un châle sur la tête et se dirigèrent vers l'un des cafés du boulevard. Le chef passa la porte, puis la repassa. Elle se tourna vers ses lieutenants et dit : « Vous n'avez jamais connu votre Maréchale jusqu'à présent ; vous voyez quelle lâche elle est ! »

LA MARÉCHALE AU CAFÉ
(D'après le tableau du baron Cederström ,
maintenant à la Pinacothèque de Stockholm)

"Non non Non!" ils ont tous deux protesté.

Enfin , elle posa la main sur la porte, la poussa et entra. Un homme en tablier blanc vendait des boissons. S'approchant de lui, elle dit : « Puis-je chanter quelque chose ?

Il regarda bouche bée.

Tremblante de la tête aux pieds, elle répéta : « Je voudrais chanter quelque chose.

"Très bien!"

Elle a commencé:

"Le ciel est ma belle patrie ,

Les anges y font leur séjour ;

Le soldat qui lutte et qui prie

Y sera bientôt à son tournée."

Pendant qu'elle chantait, Blanche intervenait avec sa guitare et sa deuxième voix. À mesure qu'ils avançaient, on cessa de fumer, de boire et de jouer aux cartes, et tous les visages se tournèrent vers eux. Ils ont chanté sur :

" Fr marche , fr marche ,

Soldats , vers la patrie !

Fr marche , fr marche ,

Soldats , vers la patrie !"

Lorsqu'ils eurent fini l'hymne, la Maréchale remercia son auditoire, ajoutant qu'on pouvait l'entendre à nouveau rue Auber Hall ; et qu'elle connaissait un ami dont elle souhaitait leur parler. Alors qu'elle et ses camarades se tournaient pour sortir, l'homme au tablier blanc s'inclina, comme s'ils lui avaient rendu service.

"Puis-je venir une autre fois ?" dit la Maréchale .

"Certainement, Mademoiselle !"

Ils visitèrent seize cafés ce soir-là, et quand elle rentra chez elle , elle sentit qu'elle n'avait jamais été aussi heureuse de sa vie, jamais plus proche de Jésus.

Elle avait essayé à sa manière d'obéir à son commandement : « Que votre lumière brille devant les hommes ». Depuis lors, des milliers et des milliers de cafés ont été visités et beaucoup de bien a ainsi été fait. Qu'un cas en représente plusieurs.

Il existait autrefois à Paris un lieu de villégiature bien connu appelé le Café de l'Enfer , dont les fenêtres et les murs étaient peints de scènes sinistres représentant l'enfer. Là, des chanteuses fardées et poudrées divertissaient des gens du genre casse-cou, assis à de petites tables, buvant et fumant. Depuis un cercueil ouvert, un squelette sinistre regardait tout le monde et des prix étaient décernés pour les mots les plus audacieux sur la mort. Plus les blasphèmes étaient scandaleux, plus les applaudissements avec lesquels ils étaient reçus étaient bruyants.

Mais la Maréchale et ses jeunes lieutenants, « armés de tout acier » — la panoplie de Dieu — n'avaient pas peur des portes de l'enfer. Ayant obtenu la permission de chanter, ils montèrent sur l' *estrade* et interprétèrent quelques-unes de leurs parties les plus attrayantes. L'orchestre du café prit immédiatement ses airs comme s'il avait été payé pour cela. Les chants du Paradis furent bien reçus même dans ces régions, puis la Maréchale , s'avançant, fit un petit discours :

"Vous êtes très intelligent ici. Vous *jouez* très bien. Mais c'est un rôle que vous jouez. Votre rire n'est pas réel ; je peux vous dire la source du vrai rire et de la vraie joie. Ce n'est pas la vie, c'est la mort ; je Je peux vous dire ce qu'est la vraie vie. Ce n'est pas la paix, c'est un effort pour noyer les soucis et oublier les ennuis ; je peux vous dire le secret de la paix. Laissez-moi vous donner mon adresse, où vous pourrez nous entendre chanter à nouveau.

Il fallait autant de courage moral pour prononcer ce discours que pour affronter tous les juristes d'Helvetia.

En partant, la Maréchale croisa une charmante jeune fille à l'oreille de laquelle elle murmura : « Que fais-tu ici ? tu devrais être au lit.

me donnera un souper ou un lit ?" » demanda plaintivement la jeune fille.

" *Je* vais!" s'écria la Maréchale ; "Viens avec moi, vite !"

Elle a hélé un taxi, a fait monter la fille et est partie. La pauvre enfant de dix-huit ans avait une triste histoire à raconter. Elle avait du sang noble dans les veines, et sa mère et elle avaient toutes deux été cruellement lésées. La Maréchale la conduisit au Christ et lui assura finalement une place dans l'un des meilleurs collèges d'Amérique, où elle était universellement respectée. Peu de temps après son installation, elle envoie à la Maréchale 500 francs, avec le pathétique message : « Sauvez-en un autre, comme vous m'avez sauvé ».

Les méthodes de la Maréchale offensèrent naturellement ceux qui n'avaient pas le courage de les adopter. Tard dans la nuit, elle et quelques camarades se tenaient à la porte d'un théâtre alors qu'il se vidait. Un de ses jeunes officiers s'écria d'un ton clair et pénétrant : « Préparez-vous à rencontrer votre Dieu ! Ces mots semblaient envoyer un choc électrique à travers la foule gay. Alors un monsieur s'avança vers la Maréchale et lui dit :

" Mademoiselle, vous êtes évidemment des jeunes filles de bonne famille, et je suis scandalisée de vous voir ici à cette heure. Moi aussi, je m'occupe de prêcher, mais je suis choquée de votre conduite . "

"Vraiment?" répondit-elle, "et je suis scandalisée que vous soyez scandalisé . Vous déclarez croire à l'Évangile. Comment allez-vous faire en sorte que ces dizaines de milliers de personnes indifférentes entendent parler du Sauveur ? Ils ne viendront pas vous écouter. Quoi de plus naturel et de plus naturel." est-il plus conforme aux principes de Jésus que d'aller vers eux et de les contraindre à écouter ?"

Dix minutes après, le monsieur revint et lui glissa dans la main une pièce de cinq francs en disant :

"C'est toi qui as raison !"

Il était impossible aux jeunes filles de se trouver sur les boulevards vers minuit sans être parfois inquiétées. Mais la chef instruisait ainsi ses soldats : « S'ils vous disent les choses les plus viles du monde, rappelez-vous que ce n'est que l'extérieur. Pensez à leurs âmes qui coûtent si cher au Christ. Dites une ou deux phrases qui leur resteront. , et passe à autre chose."

Plus d'une fois, elle a prouvé que cette méthode de traitement était très efficace. Au coin d'un des boulevards, un « gentleman » s'approcha d'elle et lui demanda rendez-vous. Elle le regarda en silence, ce qu'il prit pour un consentement.

"Où?" » demanda-t-il en sortant son crayon et son carnet.

" *Devant le Trône de Dieu !* " (Devant le Trône de Dieu !)

L'homme s'enfuit et s'enfuit.

Cela a fait toute la France. Un jour, la même épée transpercera la conscience de tous les roués de l'univers.

La deuxième idée originale de la Maréchale fut d'entamer une série de *conférences* (réunions) dans l'amphithéâtre à la mode du boulevard des Capucines . Sa popularité croissante ne fait qu'approfondir son sens du devoir envers la ville d'adoption et lui suggère la possibilité d'amener le Christ sur les Boulevards comme à la Villette. Elle ne pouvait pas vivre dans le Paris gai sans avoir une profonde pitié pour Rich, inconsidéré et infidèle, pour qui il est proverbialement si difficile d'entrer dans le royaume des cieux. Son idée d'attaquer le fief central de la mode et du plaisir mondial était audacieuse pour une femme, surtout pour une femme de la jeunesse de la Maréchale . Vers cette époque , elle lut la *Vie de Napoléon* et trouva dans son étonnante carrière de nombreuses leçons pour un évangéliste. Elle fut particulièrement frappée par sa foi en son étoile et son mépris pour « *cette bête de mot, impossible* ». Elle savait qu'elle avait quelque chose de mieux à qui faire confiance qu'une star, et une raison plus solide de croire que tout est possible.

Son nouveau plan de campagne était grand aussi bien dans sa conception que dans son exécution. Dès le début, les Conférences pour hommes connurent un succès étonnant et se renouvelèrent d'année en année. Les audiences étaient très différentes de celles d'une congrégation de Keswick ou de Northfield, dans lesquelles la prédication s'adresse principalement aux convertis. Peut-être le meilleur parallèle avec celui de la Maréchale On trouve des conférences dans les réunions dominicales du professeur Drummond pour les étudiants (hommes uniquement) à l'Oddfellows Hall d'Édimbourg, qui, par une étrange coïncidence, ont commencé la même année. Ayant joui de l'amitié de ces deux évangélistes et les ayant écoutés des dizaines de fois, j'ai souvent été frappé de force par leur ressemblance mutuelle, et par le pouvoir de capter l'attention et d'inspirer la confiance des hommes cultivés du monde. je n'ai rencontré personne avec qui se comparer.

Lorsque la Maréchale vint tenir sa première Conférence , le propriétaire de la salle entra dans son antichambre et lui conseilla de faire une sorte de conférence morale plutôt que de parler de salut, car c'était le public mondain qui se rassemblerait, et il Ils craignaient de ne pas être contents s'ils entendaient trop parler de religion. Mais ils l'ont écouté avec une grande attention pendant qu'elle parlait du texte "Sans Dieu et sans espoir dans le monde". De la deuxième Conférence Le messager de Galignani a déclaré : « Le sujet, « Le plus grand péché », a été traité avec une force d'arguments religieux qui ont fait une impression visible sur de nombreuses personnes dans l'auditoire. L'attention était profonde et respectueuse. La salle était bondée et les portes étaient fermées. vainement assiégé par une foule nombreuse, dont la plus grande partie restait devant les fenêtres ouvertes pour entendre l'adresse. Un autre journal de premier plan a déclaré: "Elle a profondément étonné les citoyens sceptiques, qui n'avaient plus l'habitude de s'étonner depuis longtemps."

Son frère Ballington était présent à une réunion ultérieure et a décrit l'impression qu'il avait eue comme celui de quelqu'un qui ne connaissait pas le français. "J'ai dû me couvrir le visage plus d'une fois pendant que notre Maréchale parlait. Ses paroles, bien que dans une langue étrangère, semblaient compréhensibles. L'Esprit ne se limite pas aux mots seuls. Il parle à travers le visage, les yeux et les mains. Il remplit les temples de ses enfants.

Trois choses m'ont frappé lors de cette réunion : premièrement, l'attention et l'intérêt intenses du public, et rares étaient ceux qui ne semblaient pas impressionnés à la fin ; deuxièmement, la manière dont les gens restaient dans le après la réunion jusqu'à la fin ; troisièmement, l'étonnement total et pourtant la solennité parfaite de la congrégation, lorsqu'un pêcheur montait dans les allées pour chercher la paix, se levant même comme pour s'assurer que ce qu'il voyait était un fait. Puis il ajoute — et on note la belle transition — « J'étais aussi présent et j'ai participé à des réunions à Paris où les plus pauvres assistaient par centaines et où j'ai vu des hommes de la caste la plus vile et de la vie se sauver. Une grande partie du charme de la Maréchale résidait dans sa flexibilité et sa capacité d'adaptation - son habitude paulinienne de se rendre tout à tous les hommes - aux riches et aux pauvres, aux sages et aux imprudents - pour en gagner certains.

Plus tard, la Maréchale prononça des discours à peu près similaires dans d'autres villes de France, comme Nîmes , Marseille, Le Havre, Rouen, Lyon - et elle s'étonna partout de constater que les Français, qui semblent les plus irréfléchis, sont pourtant parmi les plus réfléchis. les gens dans le monde. Les résultats de telles conférences ne peuvent pas être compilés. D'une part, ils firent de la Maréchale plus que jamais une mère-confesse et une directrice spirituelle. Les pensées de nombreux cœurs lui furent révélées lors d'entretiens privés dont aucune trace n'était conservée, et dans des lettres dont l'une peut être donnée comme contenant le secret de la puissance de la Maréchale - sa possession de l'Esprit du Christ - une seconde comme montrant l'abîme de doute dont beaucoup de ses auditeurs durent être sauvés, et quelques autres comme indiquant le merveilleux succès qui accompagnait souvent ses efforts.

Le premier est le suivant : « Je suis heureux que vous acceptiez ma demande de visiter ma maison. Vous considérerez l'intention en vous demandant de venir sous mon toit, comme Celui avant vous, qui avait le Cœur le plus noble qui ait jamais battu pour l'humanité. C'est parce que ce Grand Cœur a possédé le vôtre au point de vous rendre semblable à Lui, que vous m'avez profondément ému et rendu meilleur. Certes je parlerai avec vous sur ces sujets vitaux, mais j'ai de plus en plus besoin de l'ambiance morale et spirituelle. des réunions : cela ouvre le cœur et en même temps amortit l'opposition de l'esprit. Oh, si celui-ci pouvait se taire !... J'ai beaucoup vécu dans la solitude, et naturellement ces problèmes ont toujours été avec moi. Je puis dire que l'Infini m'a torturé pendant vingt ans : dernièrement, j'en suis arrivé à la conclusion qu'on ne peut rien savoir. Je serai donc heureux de vous parler longuement.

Un deuxième correspondant écrit : « Votre foi merveilleuse , votre éloquence simple et puissante m'ont si profondément ému que je ne peux que vous remercier. Je vous remercie en tant qu'artiste, en tant qu'admirateur sincère des belles œuvres, des grands personnages ; je vous remercie en tant qu'artiste. homme blasé, sceptique , engourdi et endormi. Enfant, j'adorais Jésus, et maintenant, après avoir beaucoup réfléchi et souffert des douleurs infinies que vous ne pouvez pas comprendre, j'ai dit adieu à la foi et aussi adieu à l'espérance ! Je suis devenu un de ceux-là. vous appelez des sceptiques. Ah ! ne dites pas de terribles sceptiques, mais des sceptiques malheureux, pitoyables, malheureux. Vous êtes, Madame, un grand, beau, généreux cœur, et si jamais des vœux sincères ont valu quelque chose, je les ai chéris. pour vous, votre travail et ceux qui combattent à vos côtés. Vous me croirez, moi un incroyant, qui vous envie, vous admire et vous aime idéalement.

Un tiers de ses auditeurs écrivent succinctement : « Deux de vos réunions ont suffi à détruire des convictions infidèles vieilles de vingt ans.

Un quatrième, après avoir témoigné de son respect et de sa confiance, dit : « Ce à quoi aspire votre âme, c'est la conversion. Vous voudriez que j'ajoute, je suis converti. Je ne peux pas dire que je le suis. Mais vous m'avez fait une impression incroyable, et tu m'as fait aimer le Christ que je n'ai jamais aimé. Il ne pouvait évidemment pas se reposer là, et bientôt il envoya une deuxième lettre, décrivant avec gratitude comment une nuit, dans la prière et dans une angoissante controverse mentale, il avait reçu une manifestation du Saint-Esprit, qui avait finalement tué son doute et fait de lui un croyant. en Dieu.

Le double objectif des Conférences était de conquérir les sentiments et les goûts, l'étiquette et les conventions des peuples du monde, et d'éveiller la foi chez les incroyants. Un jour, un très méchant homme fourra des billets de banque dans la main de la Maréchale , en disant :

"Je ne crois en rien."

"Vous ne croyez à rien, et pourtant vous me donnez ces billets de banque !"

Il a répondu : « Je crois en vous et j'aimerais que vous ayez une salle dans chaque ville, hameau et village de mon pays. »

"Sortez votre montre", dit-elle. « Je crois en votre montre, je crois qu'elle donne l'heure, mais je ne crois pas en son créateur !... Je suis *naturellement* aussi grand amateur que vous de l'aisance et du *confort* . de ma vie, la source sur laquelle tout tourne, c'est l'amour du Christ. Vous croyez en moi, croyez en Celui qui a fait de moi ce que je suis.

Le troisième nouveau départ de la Maréchale fut peut-être le plus important de tous : la fondation d'une École Militaire , ou école pour cadets, un peu similaire à l'École Militaire de Clapton, que présidait alors sa sœur Emma. Lorsque Catherine se rendit pour la première fois en France, un pasteur protestant très réputé lui dit : « Vous ne ferez jamais vivre ensemble en paix trois Françaises. » Mais au Foyer de Formation, avenue Lumière 3, à la Villette, où la Maréchale vivait toute l'année avec ses officiers, il y avait jusqu'à quarante ou cinquante jeunes femmes, parmi lesquelles, autrefois, se côtoyaient les filles d'une princesse. se ranger du côté des servantes de cuisine — et l'harmonie, l'amour, l'esprit du « tant pis pour moi » qui régnait étaient l'un des miracles de l'œuvre en France.

À l'entraînement compagnie après compagnie de jeunes cadets — français, suisses, anglais, belges, allemands, italiens et russes — la Maréchale a consacré beaucoup de son temps et de ses forces, son modèle étant toujours l'entraînement des Douze par Notre-Seigneur. Tous lui obéirent avec joie et sans poser de questions. Elle s'est rendu compte intuitivement que la chose la plus élevée dans l'entraînement n'est pas la discipline, mais quelque chose que la discipline suit comme la lumière suit le soleil. Ce quelque chose, c'est l'esprit, l'atmosphère dans lequel les hommes et les femmes sont introduits et qui les transforme. A l'École Militaire , c'était l'abnégation de gens qui ne se souciaient pas de ce qui leur arrivait. Lorsque cet esprit s'empare de quelqu'un, il n'est pas nécessaire de lui dire : « Tu feras ceci ou cela ». La loi de l'esprit de vie le rend obéissant sans contrainte.

L'esprit du leadership de la Maréchale s'exprime en quelque sorte dans l'appel aux armes de Garibaldi souvent cité par elle. Ses partisans comprenaient ses motivations, se rendaient compte de son désintéressement et voyaient que les récompenses et les honneurs n'étaient rien pour l'homme qui recherchait la liberté de l'Italie. C'est pourquoi ils l'aimaient tellement qu'ils seraient morts pour lui. Il n'y avait pas de différence marquée entre l'état-major et le champ de bataille, et pourtant il y avait une discipline, une obéissance et un dévouement tels que le monde n'a presque jamais vu d'égal .

C'est cet esprit que la Maréchale cherchait à transmettre à l'École Militaire . Tout le reste – comment étudier la Bible, comment diriger des réunions, comment utiliser la voix, comment traiter avec les âmes – était subordonné par elle à la seule chose nécessaire : l'esprit de sacrifice. « On nous dit parfois, écrivait-elle un jour, que nos uniformes, nos jeunes femmes parlant en public, nos tambourins et nos cortèges méprisent la religion. C'est une erreur. Celle qui est la risée du monde et des l'enfer est une religion sans sacrifice. On ne croira jamais aux chrétiens qui, tout en se disant disciples de Celui qui n'avait pas où reposer la tête, vivent dans le luxe, recherchent d'abord le confort de leur famille, la santé et la position de leurs enfants. " et que leurs âmes périssent faute de cet Évangile auquel ils prétendent croire. *Voilà* le secret de l'incrédulité de la France ; c'est ce qui fait crier aux jeunes qui cherchent la vérité : " Comédie ! De l'autre, ces visages qui rayonnent la lumière d'en haut, ces jeunes qui se lèvent pour se donner à Dieu au lieu du monde, ces hommes et ces femmes qui déclarent, avec une sincérité qui ne laisse aucun doute, qu'ils consacrer leur vie à Dieu pour le salut des âmes, sont plus éloquents que les plus beaux discours. »

Les visages des officiers et des élèves-officiers qui entouraient la Maréchale sur sa tribune constituaient sans aucun doute un élément important de son pouvoir. Renée Gange , la socialiste, a écrit d'elle et de ses camarades une belle appréciation dans laquelle elle avoue que ce qu'elle trouve « remarquable chez ces jeunes filles, jolies comme simples, c'est l'absence totale de l'expression féminine ordinaire. En regardant d'un œil scrutateur et scrutateur les visages enveloppés dans ce vilain bonnet, nous n'avons pas déchiffré le moindre vestige de cette expression, ni la timidité, ni la maladresse, ni l'inquiétude, ni la conscience qu'on pense à eux. sont les visages libres de créatures libres.

Un jour, un baron français, qui avait reçu une grande bénédiction chez la Maréchale Conférences , lui dit dans la grande salle de la rue Auber : « Ce qui vous manque ici, ce sont des images ; par exemple, les saints. Ces belles figures, avec leurs douces expressions célestes, répandent un sentiment de révérence et de quiétude, et elles formeraient vous avez un si beau fond. Vous devriez avoir la Vierge, et saint François, et bien d'autres. C'est ce qui vous manque dans toutes vos salles : ne pourrions-nous pas faire quelque chose ?

« Baron, dit la Maréchale , viendrez-vous ici dimanche soir prochain ?

"Oui, certainement. Vas-tu parler ?" Il n'a jamais perdu une chance de l'entendre.

"Oui ; assurez-vous de ne pas le manquer."

Le dimanche soir suivant, elle rassembla son petit groupe d'officiers. Elle les classa, les hommes d'un côté, les femmes de l'autre. Elle se tenait au milieu d'eux et parlait. A la fin de la réunion, le baron s'est manifesté.

« Maréchale , dit-il, vous n'avez pas besoin de tableaux. Ces personnages ! ces visages ! *ce* sont vos tableaux.

Son ami Frank Crossley a été profondément frappé par cet incident. Il a écrit : « J'étais particulièrement intéressé par la remarque sur les visages inspirés. J'ai entendu un jour Rendel Harris dire à propos des critiques bibliques qu'ils pouvaient déchirer le volume en lambeaux, mais qu'ils ne pourraient jamais effacer la lumière de Dieu des visages de son peuple. ".

L'une des cadettes de l'École militaire était Constance Monod, fille du grand prédicateur protestant dont l'hymne « Oh, la honte et le chagrin amers » est connu partout. Ayant reçu le salut et de riches bénédictions spirituelles en assistant aux réunions de la Maréchale , elle est devenue l'un de ses officiers les plus dévoués et ses amis les plus chaleureux. Un jour, elle fut invitée à parler devant un auditoire très rude, composé d'hommes obscènes et bas, et l'un des plus rudes et des plus obscènes d'entre eux dit, les larmes aux yeux :

"Oh, quelle pureté extraordinaire dans ce visage !"

C'est l'expression qui a donné à tant de cadets leur pouvoir dans les cafés et les bidonvilles. C'est ce qu'ils étaient, bien plus que ce qu'ils disaient, qui faisait le travail.

Parmi les nouveaux cadets, il y avait toujours une grande introspection. Étaient-ils sûrs de leur vocation ? Avaient-ils le sens du sérieux, du caractère sacré, de la responsabilité et de l'opportunité de l'appel à travailler et à lutter pour Dieu ? S'ils n'étaient pas là, tout allait mal. Mais s'ils avaient réellement quitté le monde et appris à connaître DIEU, Il se révélait à eux, et c'était merveilleux avec quelle rapidité ils grandissaient dans cette connaissance du cœur qui est toujours bien plus profonde que la connaissance de la tête.

Chaque fois que des troubles et des difficultés surgissaient, la méthode de la Maréchale n'était pas de les éluder, mais de saisir les choses par le fond. Une invitation à « venir prendre une tasse de thé » conduisait à des discussions et à des prières sincères, par lesquelles elle étouffait bien des maux dans l'œuf. Ces « rencontres », comme on appelait ces entretiens, sont restés à jamais gravés dans les mémoires avec gratitude.

La conquête de soi, le triomphe de l'esprit d'amour, s'illustraient dans les petites choses comme dans les grandes. Un jour, un Français, François, refusa de nettoyer les bottes d'un autre cadet, qui était allemand.

"Je nettoie les bottes d'un Allemand ? Jamais ! jamais !" La Maréchale dit doucement :

"Les bottes seront nettoyées."

"Jamais avec moi !"

"Par toi."

"Eh bien, pas maintenant, laissez-les attendre !"

Toute la journée s'est écoulée et les bottes n'ont pas été nettoyées. La Maréchale savait ce que François souffrait intérieurement et le mettait seul le soir.

"Jésus est mort pour les Allemands", a-t-elle déclaré.

Ses lèvres restèrent fermement pressées. Il souffrait et elle souffrait avec lui. Après un moment de silence, il se déchaîna dans un torrent.

"Nous avons trop enduré ! Pensez au siège de Paris. Cette bête de Bismarck ! Oh ! notre pays a souffert. Nettoyer les bottes d'un Allemand ? Jamais !"

Il a déliré. La Maréchale resta silencieuse et écouta un moment. Puis elle dit
:

" Tout cela est peut-être vrai ; mais vous allez remporter une plus grande
victoire sur les Allemands que jamais les Allemands n'ont jamais remporté
sur vous. Le triomphe qu'ils ont eu sur la France n'était qu'une piqûre de puce
en comparaison. "

Elle lui tendit l'oreille et lui parla des choses les plus élevées. La victoire que
Jésus a remportée au Calvaire sur Pilate, les prêtres et Judas, ce doit être celle
de François.

"Reprenez votre métier à moins que vous ne puissiez remporter cette
victoire. Cela fait de François un apôtre et rien d'autre. Ces bottes ne sont
qu'un détail, mais elles ont mis en lumière quelque chose en vous qui entrave
la grande victoire."

Et ainsi ils parlèrent. Elle ne le forcerait pas. Le lendemain matin, elle fit une
conférence, à la fin de laquelle il entra dans sa chambre et s'assit. Il y eut un
instant de silence, puis il s'effondra, tombant d'un seul coup et sanglotant
comme un enfant.

« Maréchale , dit-il, je vais nettoyer les bottes !

Un tel entraînement à l'École préparait les cadets à tout conflit extérieur, et
le triomphe de l'esprit d'amour était dans certains cas une préparation à la
mort. Le premier des cadets de la Maréchale à remporter la couronne du
martyr fut Louis Jeanmonod .

C'était un jeune Suisse, finement bâti, mesurant près de six pieds et âgé de
vingt et un ans ; un vrai soldat, dévoué, courageux, tendre. Ses mois
d'entraînement étaient presque terminés et au cours des trois dernières
semaines, il s'est merveilleusement développé. Il visitait les cafés avec
beaucoup de succès, chantant et parlant, tenant ses auditeurs dans un silence
haletant. Il avait un grand pouvoir pour convaincre les gens, et souvent ses
adversaires devenaient ses amis et lui demandaient de continuer à leur parler.

Une nuit de janvier 1885, il gardait la porte de la salle du quai de Valmey ,
lorsqu'un des brutaux se précipita sur lui la tête en avant et lui donna un
violent coup de poing au ventre. Louis réussit à fermer la porte, et le
lendemain il reprit vaillamment son travail, vendant même l' *En Avant* le soir,
jusqu'à ce que la douleur devienne très vive. Le médecin constata qu'une
quantité de sang s'était déjà déposée dans ses poumons et, peu après, il
exposa son cas au-delà de toute compétence humaine.

Louis fut un moment dans le délire, mais il n'avait jamais fait le fou dans sa
vie passée, et il ne prononçait aucun mot que sa mère n'aurait voulu entendre.

Il semblait toujours partir en campagne. Les casquettes, les sacs et tout le reste étaient-ils prêts ? Oh! quels temps glorieux allaient venir !

Lorsque le délire fut passé et que son esprit redevint calme, son visage pâle brillait d'une étrange lumière. Dès que la Maréchale fut à son chevet, il salua et dit :

"Amen, Maréchale , amen !"

Que pensait-il du voyou qui avait porté le coup mortel ? Il n'avait qu'une seule pensée : « Un jour, il sera sauvé. » Les détectives sont venus recevoir le signalement de l'agresseur par le mourant. Un message de leur part en ce sens fut transmis à Louis, qui y répondit d'un seul mot :

" *Jamais !* " (Jamais !)

Mais il décrivit le coupable à la Maréchale , afin qu'elle le connaisse et prie pour lui.

Cherchant sa main quand la fin approchait, il dit :

"Oh, j'aime tellement tenir tes doigts."

"Jésus te prendra les mains, Louis, et te guidera jusqu'au port."

"Je vais me laisser guider par Lui."

La Maréchale priait, et avec l'esprit de Saint Etienne dans sa poitrine et les mots "C'est trop beau !" sur ses lèvres, il allait être avec le Christ. Belleville et la Villette furent profondément émues par les funérailles d'un martyr, et sur la tombe Théodore Monod prononça des paroles qui touchèrent les cœurs de tous.

La jeune Maréchale qui rassemblait autour d'elle des hommes et des femmes de cette trempe, peuple volontaire au temps de la puissance du Seigneur, prêt à tout, fidèle jusqu'à la mort, possédait évidemment de hautes qualités de chef, et bientôt l'esprit de l'École Militaire fut que l'on retrouve dans toutes les stations de l'Armée en France et en Suisse. S'exprimant lors d'une des grandes réunions du général en Écosse, le professeur Henry Drummond a déclaré qu'après avoir voyagé dans tout le sud de l'Europe, visité de nombreuses cathédrales et entendu des orateurs célèbres, il avait atterri à Marseille et avait ressenti davantage la présence et la puissance du Christ en le lieu de rassemblement de l'Armée du Salut de cette ville qu'il n'avait connu au cours de toutes ses pérégrinations. Le général répéta cela à la Maréchale , et elle découvrit que la réunion qui avait si profondément impressionné le professeur avait été dirigée par un jeune officier, Mlle. Dormois , qui venait de quitter l'Ecole de Formation de Paris.

Il n'est guère besoin de dire que les autorités intérieures louaient Dieu pour l'œuvre de la Maréchale . L'appréciation de son père s'exprimait dans chaque lettre. Voici de brefs extraits de trois d'entre eux.

"Ma chère fille, ma très précieuse fille, je sais que tu es selon mon cœur. J'ai une confiance sans limites en ton jugement et tes résolutions. N'aie peur de rien ni de personne ."

"Tu es une véritable héroïne, une Jeanne d'Arc en effet."

"Vous devez subir une pression effrayante. Pourtant, une grande partie de votre tâche consiste à rester calme et à ne pas porter de soins. Être calme et stable sous le feu est la qualité des meilleurs soldats. Je crains de ne pas avoir excellé. dans cette direction, et c'est une propriété très difficile dans notre famille, vu combien nos cœurs et nos vies sont pleins de sympathie et d'émotion, mais Dieu peut faire beaucoup pour nous.

Chaque lettre de son frère aîné Bramwell, qui était chef d'état-major, était un « Bravo ! de l'autre côté de la mer. Écrivant en 1885 – l'année de sa croisade héroïque avec Stead contre le vice – il déclarait : « Je suis de plus en plus insatisfait des choses humaines chaque jour. Le monde est devenu fou. S'il était seulement mauvais, et non fou, nous pourrions Réparez-le, mais étant tous les deux, j'ai de moins en moins d'espoir au lieu de plus ! Nous allons maintenant nous occuper davantage de la qualité. Si nous pouvions trouver *de meilleures* personnes , nous devrions sûrement aller plus vite. Je crois solennellement que vous êtes en avance sur nous sur le continent dans cette direction. ".

L'année suivante, il écrivait : « Ne pensez pas que vous me serez jamais moins cher que vous ne l'avez été. Vous ne pouvez pas l'être. Je vous aime et vous admire, et si vous étiez mon général demain, je vous suivrais jusqu'au bout. haleter et coller alors qu'il me restait un membre. "

CHAPITRE VII

LA VOCATION DE LA FEMME

« Il ne peut y avoir ni Juif ni Grec ; il ne peut y avoir ni esclaves ni libres ; il ne peut y avoir ni mâle ni femelle : car vous êtes tous un en Jésus-Christ. » Après plusieurs siècles, cette grande parole apostolique commence à révéler son sens et sa bénédiction. La Mère de l'Armée fut une des premières à affirmer la liberté de la femme, et ses filles entrèrent dans un héritage sacré. Devenue oratrice publique à quatorze ans et voyant l'œuvre de la foi récompensée par d'innombrables signes, la Maréchale n'a jamais pu nourrir la crainte secrète que son ministère puisse attrister l'Esprit de Dieu. Il était cependant impossible qu'elle puisse travailler pendant des années sans rencontrer beaucoup de personnes ayant de forts préjugés. Les disciples de Notre Seigneur « s'étonnaient qu'il parle à une femme », et il y a encore des disciples qui s'étonnent qu'une femme parle pour lui.

Au cours de l'été de sa troisième année en France, la Maréchale a attaqué la vieille ville de Nîmes , dans le Gard en grande partie protestant - la première d'une série de campagnes qui furent le moyen d'apporter la bénédiction à un certain nombre de provinces de France. A son arrivée, elle découvre que M. Peyron , juge éminent, qui avait beaucoup gagné à l'entendre auparavant, avait fixé une réunion préliminaire des orthodoxes de Nîmes — pasteurs et leurs épouses et autres ouvriers protestants — au nombre d'environ 120. Il tenait à ce qu'elles soient gagnées avant le début de sa campagne, mais il ne se doutait pas qu'il lui avait préparé l'une des batailles royales de sa vie.

La réunion étant ouverte, la doctrine de la sainteté – la puissance de Dieu pour empêcher ses enfants de pécher – fut la première à être évoquée et fut violemment attaquée par plusieurs pasteurs qui la confondirent avec du perfectionnisme. Leurs remarques ont été vivement applaudies, et une dame a crié au-dessus des autres :

"Que celui qui est sans péché se lève et témoigne."

D'une grande audace, la Maréchale murmura à un camarade assis à côté d'elle : « Lève-toi, Bisson », ce qu'il fit, et témoigna en quelques mots simples, non pas certes de sa propre perfection, mais de la puissance de Dieu de sanctifier et de garder ainsi que justifier.

Après une accalmie momentanée, la tempête devint plus violente que jamais et le ministère des femmes fut désormais la cause de la guerre. La Maréchale fait allusion au manifeste de sa mère à ce sujet.

"Nous l'avons lu", dit une dame, "et nous ne sommes pas d'accord. Les femmes sont faites pour le foyer. Il leur est ordonné de se taire dans les églises."

« D'ailleurs, s'écria un autre, tu n'es pas assez vieux.

La Maréchale a cité ces mots : « Que personne ne méprise ta jeunesse ».

" Mais cela, rétorqua la femme d'un pasteur, a été dit à un homme. "

Alors le bruit des voix devint assourdissant.

« Les filles jolies et avenantes, entendait-on dire une matrone, ne devraient pas se montrer en public.

"Si vous parlez", a déclaré un pasteur habile dans les distinctions, "vous ne devez parler qu'aux femmes et non devant les hommes."

Tout au long de la tempête, le personnage central est resté calme et maître de lui. Mais elle réfléchissait beaucoup. L'idée d'une distinction entre les sexes ne lui était jamais venue en tant qu'oratrice ; c'était nouveau et étrange pour elle. Lorsqu'elle reprit enfin la parole, elle exprima le résultat de sa réflexion dans un dicton simple, mémorable et sans réponse :

"Mais il n'y a pas de sexe dans l'âme."

Peut-être que quelqu'un avait déjà dit la même chose, mais cela n'en était pas moins original de sa part. Puis elle a développé la vérité :

« Les besoins de l'âme d'un homme sont les mêmes que ceux d'une femme , et vice versa. Vous ne vous levez pas et dites qu'il y a tant d'hommes et tant de femmes dans une réunion. Ils ont tous besoin de salut, de pardon, de pureté, de paix ; les dons et les grâces de l'Esprit s'adressent aussi bien aux hommes qu'aux femmes. Bien entendu, continua-t-elle, si une femme est si légère et si frivole qu'elle fait une telle distinction, cela prouve certainement qu'elle n'a aucune vocation d'évangéliste, et je devrais la renvoyer chez elle par le prochain train.

Elle sentait que l'atmosphère de la pièce était horrible. Les controverses religieuses, comme les guerres de religion, créent un esprit plus effrayant que toutes les autres querelles. Au lieu de prolonger la discussion, la Maréchale tomba à genoux et se mit à prier. Elle avait remporté par la prière de nombreuses victoires dont on se souvenait après de longues années. Lorsqu'elle avait quatorze ans, elle assista à une réunion de sa mère à Ryde, sur l'île de Wight. Elle s'assit loin derrière la porte, écoutant jusqu'à la fin du discours, puis elle entendit sa mère demander si un frère ou une sœur voulait prier. Comme personne ne répondait et que le silence devenait trop oppressant à supporter, Katie se leva et déversa son cœur vers Dieu avec un ton de ferveur passionnée, cherchant une victoire avant la fin de la réunion. Lorsqu'elle rentra à la maison, elle était pliée dans les bras de sa mère et couverte de baisers ; et quarante ans plus tard, alors qu'elle dirigeait elle-même une mission à Ryde, une sainte dame de quatre-vingt-douze ans lui dit qu'aucune prière ne vivait dans sa mémoire comme celle de cet enfant.

C'est une telle prière, longue, intense, passionnée, que la Maréchale priait parmi les orthodoxes de Nîmes . Cette nuit-là, la fille aînée de M. Peyron , une belle fille du monde, fut gagnée au Christ. Le lendemain matin, à sept heures, deux pasteurs, MM. Challand et Babut , ainsi que M. Peyron , réveillèrent la Maréchale . Ils étaient venus dire, pour eux et pour les autres, combien ils déploraient la scène de la nuit précédente et demander pardon.

Le dimanche matin, la campagne proprement dite a commencé dans l' Alcasar , qui était bondée, et les épouses de plusieurs pasteurs étaient parmi celles qui sont venues en larmes à la forme pénitente. Albin Peyron fils, qui est aujourd'hui chef de l'armée en Suisse, a commencé sa nouvelle vie lors d'une "Nuit avec Jésus" qui a eu lieu après cette réunion. Dans sa jeunesse, il fut le fondateur de *La Petite Armée* , qui fit beaucoup de bien auprès des enfants de Nîmes et d'autres villes du sud de la France.

Si la Maréchale était toujours à l'aise dans la foule, elle aimait encore plus les entretiens discrets avec des individus, si possible . Dans beaucoup de ces conférences, le sujet était la victoire de la foi. Lors d'une de ses *tournées* , elle dirigeait des rencontres dans un théâtre à Cannes. Par une belle soirée de septembre, elle marchait vers la mer, perdue dans l'admiration du coucher de soleil. Fatiguée par son travail du dimanche matin, elle cherchait un peu de repos. Elle aperçut un prêtre qui se dirigeait lentement vers la colline sur laquelle se dressait une petite église catholique. Son apparence la frappa ; il avait l'air à la fois si distingué et si triste. Une voix intérieure lui dit : « Parle à ce prêtre. » "Je ne peux pas", dit-elle, "il me prendrait pour une folle." Mais la voix prononça les mêmes mots une seconde fois, puis elle obéit instantanément. Se précipitant vers le curé, elle dit :

"Bonsoir, *mon père* . Je suppose que vous allez à l'église sur la colline. Puis-je vous accompagner, car je voudrais parler avec vous de sujets spirituels ? »

Découvrant sa tête et s'inclinant avec beaucoup de respect, il répondit : « Certainement, madame.

Ils marchèrent un moment en silence. Puis elle a dit :

« Que dois-je faire pour être sauvé, mon père ?

"Observez les dix commandements", répondit-il aussitôt.

"Mais le jeune homme riche qui est venu vers Jésus pouvait dire, la main sur le cœur, qu'il les avait tous gardés, et pourtant il n'avait aucune assurance de salut. Il était dans de grandes difficultés. Il a *dit* : " Que dois-je faire pour être sauvé ? ?""

"Oh, alors tu dois prendre la sainte Eucharistie très souvent."

"Mais ceux qui le prennent, mon père, sont-ils sauvés du péché ? Ne sont-ils pas victimes de la puissance du mal, comme les autres ?"

" Oh ! oui, madame, mais il y a aussi le confessionnal. "

"Mais n'en est-il pas de même pour le confessionnal, mon père ? Il faut savoir qu'il y en a des dizaines de milliers en France qui se confessent, mais retombent le lendemain. Ils n'ont pas trouvé de repos. Le Christ n'est-il pas prêt à nous sauver si sommes-nous prêts à être sauvés ? »

" Hélas ! madame, nous pécherons toujours, toujours, jusqu'à la fin de notre vie. "

"Mais, mon père, saint Augustin, saint François d'Assise, sainte Catherine de Sienne, Fénelon et bien d'autres n'ont-ils pas été délivrés de l'esclavage du péché et de soi-même ? Ils sont parvenus à quelque chose de défini : à la sainteté."

Il se tourna avec véhémence et dit en élevant la voix :

" Ah ! madame, mais c'étaient des vies extraordinaires. Ces gens-là étaient des saints. "

"Non, mon père, c'étaient des hommes et des femmes comme vous et moi. Ce que Dieu a fait pour saint Augustin ou pour sainte Catherine de Sienne, ne peut-il pas le faire pour moi si je suis prêt à remplir les conditions qu'il pose ? Que fait la religion, que vaut-elle, si elle ne peut pas nous délivrer du péché ? »

Il n'a pas répondu. Il réfléchissait silencieusement.

Elle a poursuivi : « Le Christ est-il un Sauveur , oui ou non ?

"Oh, oui, oui, oui, Il l'est !"

"Est-ce qu'Il *t'a sauvé* , mon père ?"

Ils restèrent immobiles un instant et il détourna le visage avec un air de tristesse poignante. S'ensuivit ensuite une confession - l'un des cris les plus profonds et les plus sincères qu'elle ait jamais entendus - se terminant par les mots : " Hélas, hélas ! tous les jours de ma vie, je pèche, et j'espère pécher jusqu'à mon dernier souffle. "

La Maréchale fut profondément émue et se sentit en terre sainte. Enfin, elle parla...

"Alors le Calvaire est le plus grand fiasco que le monde ait jamais connu."

Il tendit la main et dit : « Oh ! madame, ne dites pas cela, c'est un blasphème.

"Mais, mon père, nous sommes en présence de faits, pas d'imaginations. Tu as abandonné ce que les hommes apprécient le plus. Tu as été à la hauteur de ta lumière. Et qu'est-ce que je trouve ? Le tourment au lieu du repos, le conflit au lieu de l'assurance, la servitude au lieu de la délivrance. Sûrement, mon père, Jésus n'est pas venu pour augmenter nos fardeaux, mais pour les soulager. Vous vous souvenez de sa parole : « Venez à moi et je vous donnerai du repos. Il dit : « Mon joug est doux et mon fardeau est léger. » Ces théories doivent-elles être prêchées en chaire ou sont-elles des réalités ? »

À ce moment -là , ils étaient au sommet de la colline et elle dit :

"Tu vas prêcher ce soir, *mon garçon père* ?"

"Oui."

« Voudriez-vous que nous descendions ensemble la colline et reprenons notre conversation ?

"Ce serait un grand plaisir, madame."

Il prêcha l'un des meilleurs sermons qu'elle ait jamais entendu, en partie inspiré, ne pouvait-elle s'empêcher de penser, par leur conversation intime. Alors que la congrégation s'éloignait, elle entra dans une loge confessionnelle pour l'attendre. Elle le vit se retourner de côté et d'autre avec un air déçu, et, sortant, elle lui dit :

"Je suis là, *mon gars père* ."

Ils commencèrent à descendre la colline ensemble. " Mon père, " dit-elle, " j'ai beaucoup apprécié votre sermon. Mais comment pouvez-vous montrer aux autres le chemin de la délivrance si vous ne l'avez pas trouvé vous-même ? Comment pouvez-vous vous libérer si vous n'êtes pas délié ? Comment pouvez-vous guérir si vous l'êtes. pas guéri ? Comment, mon père ? Ne vois-tu pas que tout cela vient seulement de la tête, et non de la vie, du cœur ? »

"C'est vrai ! Mais j'essaye, oh, mon Dieu, j'essaye !"

"Mais cela ne vient pas de cette façon, à cause de nos luttes."

"Alors comment?" s'exclama-t-il d'un ton désespéré.

« Ne dit-il pas : « Demeurez en moi, et demandez ce que vous voulez, et cela vous sera fait » ? Saint Paul ne témoigne-t-il pas : « Je peux tout par le Christ qui m'a fortifié. » Combien ont loué Celui qui est « capable de sauver parfaitement » et « capable de nous présenter sans faute » ! Mettez-le à l'épreuve. Si quelqu'un a droit au salut, c'est sûrement vous.

Ils s'arrêtèrent sous un arbre dans le calme du soir et, tandis qu'il se tenait la tête baissée, elle s'agenouilla près de lui et pria.

CHAPITRE VIII

LE RENONCIATION À LA MAISON

Au début de 1887, la Maréchale devint l'épouse de M. Arthur Sydney Clibborn , un gentleman irlandais d'origine quaker, descendant en ligne directe de Barclay of Ury , le héros de l'un des plus beaux poèmes de Whittier. Élevé à Bessbrook, qui était appelée la ville modèle en raison du fait qu'il n'y avait pas de pub, de caserne de police ou de prêteur sur gages, il renonça à d'excellentes perspectives commerciales en réponse à un appel qui lui parvint d'abord par l'intermédiaire d'un quaker simple et sérieux. ministre, "Sydney, ne veux-tu pas venir avec nous?" La visite de quelques représentants du salutisme à Bessbrook a tourné le courant de ses pensées dans une direction nouvelle, le faisant s'exclamer : « Voici le quakerisme primitif, le wesleyanisme primitif, le christianisme primitif ! Comme il avait passé quelques années à l'école en Suisse et maîtrisé le français et l'allemand, il fut envoyé par le général Booth pour assister la Maréchale en France et lui servit de chef d'état-major jusqu'à leur mariage.

C'était un homme d'un grand courage et a reçu une médaille du Président français pour avoir sauvé une vie de la noyade. En tant que serviteur de Dieu , il aurait fait, on ne peut s'empêcher de le penser, un splendide huguenot ou covenantaire. Son idéal héroïque était le Quaker persécuté dont il avait le sang dans les veines. Dans les premiers jours du conflit de l'Armée du Salut, il était le plus courageux des courageux. Il a été lapidé et couvert de boue dans les rues de Genève. Il a été poursuivi par une foule parisienne qui hurlait "A bas Jésus-Christ !" Sa vie fut plusieurs fois attentée, et il fut condamné à mort par les nihilistes sous le sceau du quartier général de Paris ; mais il n'a jamais fait tout son possible pour éviter la mort ou utiliser des armes charnelles.

M. Booth- Clibborn a été spécialement utilisé par Dieu pour éliminer les difficultés de ceux qui étaient troublés par le doute intellectuel et pour ouvrir les yeux d'un grand nombre de personnes qui se trouvaient dans l'obscurité spirituelle.

La Maréchale était désormais obligée de quitter le Foyer d'Instruction, où sa *vie apostolique* parmi ses officiers et élèves-officiers bien-aimés, dont elle partageait tous les conflits et les dangers, lui avait souvent semblé une vie dans un paradis terrestre. Mais quels que soient les nouveaux devoirs et les nouveaux soucis qui lui venaient dans sa petite maison de la rue d'Allemagne , elle ne les laissait jamais gêner sa vocation. Au cours de quatorze années, Dieu lui donna cinq fils et cinq filles, parmi lesquels la vie lui fut infiniment douce, mais toutes ses activités publiques furent maintenues, tandis que sa passion pour les âmes brûlait d'une flamme claire et constante.

La loyauté envers Christ prenait désormais un nouvel aspect, et les conditions de la vie de disciple, une rigueur accrue. Une grande phrase de l'Évangile : « En vérité, je vous le dis, personne n'a quitté sa maison, ni ses frères, ni ses sœurs, ni son père, ni sa mère, ni sa femme, ni ses enfants, ni ses terres, à cause de moi, et le Évangile, mais il recevra maintenant au centuple en ce temps-ci, des maisons et des frères et sœurs et des mères et des enfants et des terres, avec des persécutions, et dans le monde à venir la vie éternelle » - s'est gravé dans l' âme de la Maréchale , et elle n'a jamais douté que elle a reçu son *centuple* simplement parce qu'elle en a payé le prix.

Lorsqu'elle se rendait dans une ville de France pour entreprendre une campagne difficile, il lui était impossible de faire son devoir sans y consacrer tout son esprit et son cœur. Devant faire face à la masse de péchés concentrés dans un large public mixte comme elle devait en affronter dans ces villes, et sachant, comme elle avait l'habitude de dire, que chaque personne avait un squelette dans le placard, elle sentit qu'elle devait devenir, pour ainsi dire, le bouc émissaire qui porterait les péchés de ces gens. Dans un certain sens, elle devait être comme Christ à cet égard, et ainsi coopérer et souffrir avec Lui (Col. 1. 24). Elle doit aller se mettre à part et lever les mains vers Dieu en faveur de la ville. Elle doit dire à chaque préoccupation, à chaque lien terrestre : « Reste là pendant que je vais là-bas pour prier. Elle doit *vivre* pour cette ville et ces gens pendant six semaines, ou deux ou trois mois. Elle pourrait accomplir un certain type de travail sans donner sa *vie* , mais ce ne serait pas du genre apostolique. Pour obtenir le centuple dont Christ a parlé, elle doit quitter père et mère, maison et enfant. D'une manière très réelle , elle doit se sacrifier et souffrir. Elle l'avait ressenti dès son enfance, et elle le voyait maintenant plus clairement que jamais ; il y avait toujours un prix à payer. Le secret du succès dans de tels cas était la conscience d'une vocation et aussi d'un amour passionné, ainsi que la relation personnelle avec le Christ du Calvaire.

LA MARÉCHALE
(D'après une photographie de Fred. Boissonnas , Paris, vers 1880)

À quel point il est devenu difficile pour la Maréchale d'accepter cette croix, une scène touchante représentée par sa secrétaire, Miss Gugelman , qui est aujourd'hui l'un des plus courageux soldats du salut en Inde, peut témoigner.

"'Cherchez d'abord le Royaume de Dieu.' Comme cela s'est clairement illustré lorsqu'un soir, à une heure tardive, juste à la fin de ses réunions mensuelles à Paris, la Maréchale se pencha sur les lits de ses petits pour leur dire au revoir avant de commencer sa tournée de trois mois à travers France et Suisse. Évangéline, l'aînée, était restée éveillée, car elle savait que sa maman s'en allait. Les petits bras étaient jetés autour du cou de la mère guerrière, quand, relevant son doux visage taché de larmes, la petite Évangéline balbutia : " *Maman* , reste avec moi, ou emmène-moi avec toi dans tes *tournées* . Les larmes trop humaines de notre chef lui remplirent les yeux ; elle embrassa la petite plaideuse, puis l'enveloppa dans une couverture et l'amena dans le bureau pour nous accompagner. Il était douloureusement clair pour nous qui la regardions, que le départ " La garde de ses petits pour l'amour de la guerre était une lourde croix pour la Maréchale . Dieu merci, elle ne s'y dérobe pas.

Réprimant ses sentiments, elle sortit dans le froid et l'humidité et commença son long voyage qui dura toute la nuit. "

C'était en février 1894, et plus tard dans la même année, elle fit deux des plus belles campagnes de sa vie : au Havre et à Rouen. Les débuts mouvementés du Havre ont été décrits de manière graphique par son amie la princesse Malzoff , qui accompagnait la Maréchale pour goûter à la *vie apostolique* . « Il y eut un grand tumulte dans la Lyre Havraise . La Maréchale était venue publier la parole d'amour et de salut. Une foule immense s'est forcée dans la salle, et qui aurait osé croire qu'ils étaient tous venus simplement pour offrir au monde le spectacle le plus scandaleux, le plus vulgaire et le plus odieux qui soit. on imagine ? Quand la Maréchale se leva avec beaucoup de dignité et de calme... elle ne parvenait pas à se faire entendre. Chaque parole était interrompue ; on voyait que c'était un coup préparé. On se croirait dans un asile. Mais elle ne s'est pas laissé décourager; elle a persévéré; elle a marché droit au milieu de la foule en colère. Elle n'a pas apprivoisé ces bêtes sauvages, mais elle en est quand même sortie victorieuse. Grande, belle, calme, soutenue par sa conviction divine et avec la force d'un grand cœur, elle revenait encore et encore, notre admirable Maréchale !... Au milieu de ce tumulte infernal et ridicule, quelques âmes *d'élite* éprouvaient un noble enthousiasme pour cette jeune femme qui luttait seule contre un peuple hostile et ridicule. foule méchante. Ils venaient lui serrer la main, lui exprimer leur admiration pour elle et leur honte envers ceux qui avaient enfreint les lois les plus simples de l'hospitalité, de la politesse et de la civilisation . Bénie soit notre Maréchale ; en elle toute l' *Armée du Salut* était personnifiée cette nuit-là dans sa force, sa foi, son amour persévérant.

Des hommages à « la Maréchale sous le feu » sont extorqués à tous les journalistes. Après deux ou trois réunions, l'atmosphère changeait et le cours de la bataille tournait, lorsque la nouvelle arriva de Paris qu'Augustin, le petit fils de la Maréchale depuis deux étés, était gravement malade. Puis survint un conflit mental indescriptible, qui l'amena à décider de rester au moins une nuit de plus et d'espérer de meilleures nouvelles le matin. Elle appela ses officiers à la prière et, ce soir-là, parla avec une puissance et une tendresse qui capturèrent le vaste auditoire comme avec un charme ; après quoi elle eut le Havre six semaines dans le creux de la main.

Le lendemain matin, elle reçut de chez elle un télégramme rassurant et, assise seule sur la plage, elle écrivit un hymne qui exprime parfaitement la pensée du *Grand Amour* , hymne qui a séduit en France autant les catholiques que les protestants. Cela commence:

Qui quitte famille et terre

Pour mon Nom, pour suivre mes pas;

Qui quitte enfants, père ou mère ,

Reçoit le centuple ici -bas.

Lorsque cet hymne fut chanté à la Lyre Havraise , une nuit ou deux après, par une des jeunes camarades de la Maréchale , Mme. Jeanmonod , qui avait une belle voix de soprano, fut accueilli par un tonnerre d'applaudissements sympathiques et dut être chanté encore et encore, jusqu'à ce que le public le sache.

Il y eut alors une grande moisson d'âmes à récolter. Une lettre écrite à l'époque donne une idée de l'intensité d'esprit avec laquelle la dirigeante s'est lancée dans l'œuvre.

"Rencontre superbe ! Rien de tel depuis Genève et Nîmes , et même mieux dans un sens que cela, puisque les infidèles se précipitent pour m'entendre. Ordre parfait et gens suppliants pour entrer. Dans ces premières audiences, ça a été aussi risqué et excitant de laisser parler quelqu'un d'autre que moi. Ils applaudissent à tout, c'est-à-dire quand j'ai fini de parler, et je ne me suis jamais senti plus libre et indépendant de l'opinion des hommes. Je suis plus fort avec l'élément dur seul dans ma faiblesse, tant plus fort à mesure que je me jette sur eux. Oui, je suis rempli de la vie et de la puissance de Dieu pour cette ville. Cette heure ne reviendra peut-être plus jamais. Mon âme est en pleine expansion.... Savez-vous ce que le « Centuple » est pour moi ? Que mes enfants deviennent apôtres ! Oh, je revendique cela de Dieu, et savez-vous qu'il y a une assurance dans mon cœur.

En plus des foules nocturnes au Casino, la Maréchale organisait des séances d'après-midi réservées aux femmes, au cours desquelles elle parlait de sujets tels que « Le rôle de la femme », « La Mère de Jésus », « La robe blanche ». Rien n'impressionnait plus le Havre que les dîners de minuit qu'elle donnait aux *filles perdues* de la ville, dont beaucoup étaient contraintes d'abandonner la vie du péché. Et les riches citoyens furent si généreux dans leurs offrandes qu'à la fin de la campagne, la Maréchale put enfin réaliser l'une de ses idées chères : la fondation d'une Maison de Secours à Paris.

Après le Havre, la Maréchale a eu un petit répit à domicile, puis il a fallu affronter Rouen. Une fois de plus, l'ombre de la Croix tomba sur les petits cœurs et sur les petites vies. Victoire, qui avait presque cinq ans, suppliait les bras tendus : « Ne pars pas, maman ! reste avec nous ! (*Ne pars pas, Maman ! Reste avec nous !*) Évangéline, qui venait d'avoir six ans, avait retenu la leçon de la séparation, et, jetant ses bras autour de sa mère, lui dit : " Maman , si tu vas à Rouen, est-ce que quelqu'un voudra que des âmes soient sauvées qui ne le seraient pas si vous n'y alliez pas ? »

"Oui, très probablement."

"Alors vas-y, Maman !"

Et maman est partie.

Tandis que le bon catholique de Rouen était choqué, l'homme de la rue s'amusait à l'idée d'adorer Dieu au *Théâtre Français* au lieu de la majestueuse cathédrale, et entre eux ils s'arrangeaient pour rendre la chose impossible. Quoi de plus grotesque que de prêcher et de chanter des hymnes sur scène ? Lors de la séance d'ouverture, la Maréchale elle-même obtint une assez bonne audience, mais il y avait un élément hostile qui, de temps en temps, faisait rire l'assistance par quelque exclamation comique ; et lorsqu'une de ses camarades tenta de clôturer la réunion par la prière, la déroute fut totale. La prière dans un théâtre était la limite, et le lendemain la Maréchale fut informée par le maire qu'il devait apaiser le public en mettant fin à ces débats.

Le grand Casino, à l'angle de la place où fut brûlée Jeanne d'Arc, fut alors sécurisé, et la Maréchale commença à prononcer une série d'adresses sur « La Sainte Mère de Jésus », « Les Miracles du XIXe siècle », « La Confession, " "La Restitution", "Les Saints", "Le Pater Noster ", "Mon Credo", "L'Autel". Les foules qui remplissaient la salle étaient étonnées de constater que ces sujets étaient tous traités de manière tout à fait anti-ecclésiastique et avec une application si exclusive au cœur et à la vie individuels que le sacerdotalisme devenait pour ainsi dire inexistant, tandis que le pécheur et le pécheur. le Sauveur a été manifesté et laissé face à face. Les gens qui sont venus l'esprit alerte sont repartis le cœur fondu et la conscience réveillée. Bientôt les âmes furent nombreuses à demander une aide spirituelle, et la Maréchale annonça qu'elle rencontrerait les condamnés et les anxieux dans une des salles du Casino. Pas moins de quatre cents personnes sollicitèrent des entretiens privés dans ce lieu qui devint ainsi un confessionnal d'ordre simple et primitif. Ce n'est pas par l'absolution sacerdotale, mais par le contact personnel avec l'unique Grand Prêtre et Médiateur, que le péché a été remis et que le salut a été obtenu.

Tant de catholiques se sont convertis que le directeur d'un des séminaires a jugé nécessaire de prêcher contre l' *Armée du Salut* . Un abbé influent , pour sa part, déclarait : « Je ne peux bien sûr pas être d'accord avec les salutistes, mais je suis absolument convaincu de leur sincérité et je suis certain qu'ils sont bien plus près du salut que la majorité des catholiques. » Le *curé* de la plus grande *paroisse* venait un jour dans sa *soutane* , faisait une offrande pour la mission et achetait les publications à la porte. Alors que la Maréchale allait parler aux femmes seules de la Sainte Mère, deux prêtres lui exprimèrent le désir d'être présents, et elle les fit cacher derrière un rideau. A la fin, ils furent profondément émus et lui assurèrent qu'ils n'avaient pas entendu un seul mot avec lequel ils n'étaient pas tout à fait d'accord. La profonde impression spirituelle exercée sur la ville fut telle qu'un journal fut publié ne contenant que des comptes rendus de ses réunions et des travaux en cours au Casino.

Durant toutes ses années en France, la Maréchale ne s'est jamais fait passer pour une protestante et n'a jamais attaqué le catholicisme. Credos, cérémonies, pénitences, pèlerinages, ces choses n'étaient pour elle ni ici ni là-bas. Elle a toujours recherché le réel et a trouvé en Christ non seulement la vraie divinité mais aussi l'humanité parfaite. Son sermon sur la Vierge a fait fondre des milliers de cœurs catholiques et sa doctrine fondamentale du sacrifice n'a jamais manqué de susciter une réponse de la part des races latines. Elle étudiait avec enthousiasme — dans la mesure où la « vie apostolique » le permettait — les écrits de Catherine de Sienne, Thomas à Kempis, Madame Guyon et Fénelon , se réclamant de tous ceux qui aimaient le Seigneur Jésus-Christ avec sincérité et vérité.

ainsi un grand pouvoir sur les catholiques comme sur les protestants et les infidèles. L'un de ses officiers les plus dévoués, M. le Roux, avait, après une brillante carrière d'étudiant catholique, achevé sa préparation au sacerdoce et reçu la tonsure, lorsqu'il tomba sous son influence et trouva sa vie complètement changée. Et la lettre suivante, reçue d'une professeure de Rouen, indique le genre d'impression qui fut faite sur beaucoup d'esprits catholiques.

" Chère Maréchale , je veux faire ce que je n'ai pas encore osé faire face à vous, c'est-à-dire exprimer le plaisir que j'ai trouvé dans vos charmantes Conférences . Elles m'ont tant ému et troublé, ont jeté une telle lumière dans mon cœur et dans mon esprit, que je me demande ce qui se passe en moi. Vos discours, si simples et pourtant si élevés, si adaptés à vos auditeurs, si consécutifs, m'ont influencé plus que tous les beaux sermons de les moines. Vous m'avez fait comprendre que Dieu nous demande autre chose que des pratiques extérieures et des cérémoniaux vides, et je sens que vous avez renouvelé en moi une foi qui avait presque disparu. Vous m'avez fait goûter, grâce à vos convictions profondes et la chaleur de ton discours, une des joies les plus pures que j'ai jamais connues.... Soyez mille fois bénie, Maréchale , d'avoir révélé ma religion sous un jour nouveau, d'avoir ébranlé cette apathie qui me rendait incapable de tout élan généreux, pour m'avoir rendu plus sensible aux souffrances des autres. Soyez bénis dans vos enfants, qui un jour, je l'espère, vous récompenseront noblement pour tous vos sacrifices. Soyez bénie en l'humanité, la grande famille pour laquelle vous avez choisi de vivre et qui fait l'objet de vos soins."

Un tel renouveau laisse-t-il des résultats solides et durables ? Qu'un cas parmi tant d'autres soit présenté comme preuve que c'est le cas. M. Matter était un ingénieur distingué et un officier de l'armée française. Des extraits de deux de ses lettres racontent ce que la campagne de Rouen lui a apporté.

" Bien-aimée Maréchale , Il y a trois ans ce soir, un pauvre homme entrait au Casino par ce qui semblait être un pur hasard. Il était accablé de chagrin, parfaitement conscient de ses péchés, mais ne songeant jamais à demander à l' *Armée du Salut* - ce qui n'excitait même pas sa curiosité - pour l'aider, ne croyant plus à la possibilité d'un salut pour lui. Dieu vous a inspiré, le Saint-Esprit a fait pénétrer vos paroles jusque sous la cuirasse du péché qui couvrait mon pauvre cœur. Deux jours après ma naissance à une vie nouvelle. À partir de ce moment, Dieu m'a fortifié, protégé et dirigé. Je cherche à l'aimer de tout mon cœur et je vous éprouve une profonde et aimante gratitude.

Et six ans plus tard : "J'ai fait un pèlerinage de nuit dans les rues désertes jusqu'au Casino où Dieu m'a trouvé et où tu étais son ambassadeur."

Ce monsieur est désormais bien connu dans toute la France pour son travail auprès des criminels et des ivrognes, et ses services ont été reconnus par le gouvernement français. Il entre en contact personnel avec des centaines de forçats pour leur parler de l'amour de Dieu et, en Ardèche , il possède un foyer pour quatre cents petits rebuts, pour la plupart des enfants de criminels, qu'il appelle les petits-enfants de la Maréchale , il lui-même étant son fils spirituel.

La dernière fois qu'elle lui rendit visite à Paris, ils étaient engagés dans une conversation passionnée et intime, lorsqu'il lui dit : « Voyez-vous cette pipe en ivoire ? J'y ai gravé le jour de ma conversion à Rouen ; mais depuis lors je n'ai jamais " J'avais envie de le fumer. Et voyez-vous cette pile de lettres ? Celles-ci viennent de mes garçons en prison. Laissez-moi vous en lire une. " Puis il lut les paroles d'un condamné qui parlait de murs de prison illuminés par la gloire de la présence du Christ. Et il a ajouté : "Tu te souviens que tu m'as dit quand j'étais désespéré à cause de ma vie passée : 'Ces mains, qui ont fait tant de mal, apporteront la bénédiction et le salut là où je ne pourrai jamais aller.' Vos paroles se sont littéralement réalisées. »

CHAPITRE IX

L'AMITIÉ DU CHRIST

Un soir, une petite carte fut déposée sur la *table d'hôte* de l'Hôtel Meurice , rue de Rivoli, annonçant aux convives que la Maréchale prendrait la parole lors d'une réunion informelle au salon après le dîner. Parmi ceux qui sont venus la voir et l'entendre se trouvait une petite dame russe aux yeux noisette profonds et pensifs. Elle était la célèbre princesse Nancy (à proprement parler Anastasia) Malzoff de la cour russe. Une des tsarines mourut dans ses bras. Elle était une amie du roi Édouard VII et son esprit brillant en faisait une figure bienvenue dans toutes les cours d'Europe. Elle parlait huit langues.

Elle était maintenant bien avancée dans la vie et pensait avoir connu tout le monde qui méritait d'être connu et vu tout ce qui valait la peine d'être vu dans le monde. Mais cette soirée fut le début d'une nouvelle vie de paix et de joie dont elle n'avait jamais rêvé. Dès l'instant où la Maréchale ouvrait les lèvres, elle était fascinée, d'abord par l'orateur, puis plus encore par le message. Le lendemain matin, elle arriva en voiture à la Villette. La Maréchale n'était pas assez bien pour la recevoir, mais elle n'acceptait pas un « non ». Lorsqu'elle entra dans la chambre de la Maréchale , elle se jeta au chevet et s'écria : « Oh ! dis-moi, comment l'as-tu connu ?

Ce fut le début d'une amitié de sept ans, et pendant tout ce temps elle ne fut jamais hors de portée sans écrire à la Maréchale un jour sur deux.

La princesse était membre de l'Église grecque orthodoxe. Sa mère l'avait mariée à seize ans et elle avait onze enfants à vingt-huit ans. Lorsqu'elle constata que son mari était devenu infidèle, elle le renvoya avec un « C'est » catégorique. fini !" et depuis plus d'un quart de siècle elle ne l'avait jamais vu.

La Maréchale écouta avec une profonde sympathie le récit de sa vie, puis dit : « Vous devez lui pardonner, si vous voulez être pardonné.

"Jamais jamais!"

"Oui, si tu veux Christ, pardonne-lui. Peu importe ce qu'il a fait, tu dois lui pardonner."

La princesse ne le pouvait pas. Une lutte dura dans son esprit pendant six semaines. Elle commença à venir aux réunions de la rue Auber, mais elle n'avait pas la paix. La Maréchale rouvrit la question.

"Viens maintenant, je veux que tu lui écrives et que tu l'invites à te rencontrer à ton hôtel, à dîner avec lui et à lui pardonner."

Une terrible controverse intérieure s'ensuivit et la princesse en tomba malade. On peut à peine imaginer ce que tout cela signifiait pour elle, et pourtant des milliers de personnes doivent vivre la même chose.

En l'appelant un jour, la Maréchale la trouva dans un nuage de fumée de cigarette.

"Princesse, comment oses-tu fumer comme ça ?"

"Eh bien, je suis entouré de mille diables, bleus, noirs et jaunes. Vous m'avez négligé."

Un conflit incessant faisait rage dans son cœur, et avant de se séparer ce jour-là, elle écrivit une lettre et dit qu'elle l'enverrait.

La Maréchale rappela et constata que la lettre n'avait pas été envoyée. Puis la crise est arrivée.

"Princesse, tu es perdue. Si tu ne pardonnes pas, ton Père céleste ne te pardonnera pas."

"Je ne peux pas, je ne peux pas."

Elle souffrait d'une agonie d'âme.

« Princesse, dit la Maréchale , êtes-vous parfaite ? D'après le peu que je connais de vous, je croirais que vous avez un très mauvais caractère.

"C'est vrai, c'est vrai."

"Vos péchés ne sont pas les siens, mais ce sont des péchés devant Dieu et ils ont causé des souffrances aux autres. Si vous voulez que Dieu pardonne votre mauvaise humeur, vous devez lui pardonner."

La Maréchale pria et lui dit de regarder la Croix et de voir comment le Christ pardonnait. Puis elle lui a répété quoi faire.

"Chéri, tu dois l'inviter dans tes appartements ; tu dois lui offrir un petit dîner sucré et des fleurs sur la table, et quand il viendra, tu dois l'embrasser."

"Mais je ne peux pas!"

"Oui, tu le feras ; et souviens-toi qu'il n'y a pas de pardon à moins que tu ne l'embrasses. Le pardon signifie embrasser. Pardonne-lui, et je sais que la paix viendra."

"Très bien, je le ferai, je le ferai !"

La Maréchale quittait par hasard Paris pour quelque temps, et dit :

"Vous m'enverrez un télégramme quand vous l'aurez fait."

La princesse a invité son mari. Il a fait un long voyage de nuit. Elle l'a embrassé et lui a pardonné. Le lendemain, la Maréchale reçut un télégramme qui la fit danser de joie. Il disait : « *Tout s'est passé comme vous j'ai dit , et la paix du Christ m'inonde : Malzoff*" (Tout se fait comme tu l'as dit, et la paix du Christ inonde mon âme.)

Son mari est décédé après quelques mois et sa gratitude pour ce qu'elle avait fait était profonde.

Les dernières années de sa propre vie ont été belles. Dans une lettre qu'elle écrivit au général Booth au sujet de la santé de son amie, elle dit : « Je dois beaucoup à la Maréchale . Elle m'a donné un trésor plus grand que tous les trésors de ce monde : elle m'a donné un Christ vivant. ; elle ne l'a pas mis près de moi, mais en moi, dans mon âme, et la gratitude que j'éprouve pour cette bénédiction est grande. Un article de sa plume sur l'action de l'Armée à Paris contient ces mots : « La salle Auber est pour moi désormais un lieu saint. J'y sens la présence du Christ, le Christ qui est devenu personnellement pour moi un Sauveur vivant depuis que la Maréchale m'a amené à lui et m'a confié à ses bras divins.

Des centaines de lettres, dont la dernière écrite à Saint-Pétersbourg la veille de sa mort, révèlent une nature intensément ardente et prouvent que le cœur qui aime vraiment ne vieillit jamais. Nous traduisons quelques extraits.

" J'emploierai toutes mes forces morales pour vous prouver que notre affection mutuelle m'a fait avancer dans le chemin de sainteté que vous m'avez ouvert dès les premiers instants où je vous ai entendu parler. Dieu a eu pitié de moi et vous a envoyé sur mon *via dolorosa* pour m'ouvrir un nouvel horizon, un nouveau paradis. Il a porté mon cœur vers vous avec une intensité dont je ne me croyais pas capable."

« J'ai trouvé en vous deux êtres également précieux pour moi : le premier est une amie que j'aime comme une fille bien-aimée ; le second la Maréchale de mon Salut, dont j'admire l'œuvre, la vocation et la puissance, cette puissance morale que vous n'aimez que le monde entier exerce sur moi. Si je t'avais connu plus tôt, tu aurais fait de moi un saint.

"Aucune affection au monde, pas même celle de mes enfants, ne peut remplacer la vôtre pour moi. Qu'importe si tout le monde m'aime si vous ne m'aimez pas ?"

« Je sais que c'est parce que je n'ai pas encore renoncé à mon « moi », à mon « *moi* », que ton absence me fait souffrir, mais je n'y peux rien, c'est au-dessus de mes forces. Je sais aussi que le jour où mon « moi » " sera chassé - ce qui est douteux - je n'aimerai personne, car pour aimer, il faut être soi, il faut avoir son *propre* cœur. "

"Je doute qu'il y en ait d'autres qui vous portent une affection aussi profonde, complète, vivante, chaleureuse et lumineuse. Non que vous ne la méritiez pas, mais toutes les natures ne se ressemblent pas, et vous connaissez ma faute. Je ne peux pas aimer par moitiés."

" "Aime sagement", conseille quelqu'un . Ce mot "sage" me fait mal. Je ne veux pas être sage dans mon amour pour toi. Je préfère aimer à la folie, et c'est ce que je fais, et tu le sens, don n'est-ce pas ? Sagesse au diable quand il s'agit de cœur.

"Je ne peux pas croire qu'Il doive nous détacher de tout pour nous attacher à Lui, cela me rendrait bien triste. Au contraire, je sens que seul l'amour humain, désintéressé, mais profond et vivant, peut nous faire comprendre le Divin. C'est seulement à travers l'expérience humaine que nous pouvons apprécier son grand, puissant et éternel amour pour nous. Toute la vie de Jésus est remplie de cet amour palpable pour ses créatures, et c'est pourquoi il est si proche de nous. Laisse-moi donc t'aimer sans détachement, et plus je t'aimerai, plus je l'aimerai."

Une de ses lettres est particulièrement intéressante : « Je verrai l' Empereur dans ces jours-ci et je chercherai la force de lui parler. Tu vois, ma chérie, parler ne suffit pas, il faut alors épancher son âme et sentir qu'une force supérieure nous guide et parle en notre nom.

Cela s'est avéré comme elle l'espérait. Une nuit, elle était au Palais de Saint-Pétersbourg. Après le dîner, le tsar vint s'asseoir à côté d'elle. Bientôt, ils furent plongés dans une conversation intime. Elle commença à lui raconter ce que sa nouvelle amie à Paris avait fait pour elle. Elle parlait sagement tandis qu'il écoutait attentivement. Enfin il dit :

"Mais, Nancy, *tu* as toujours été bonne, tu as toujours raison."

"Non", répondit-elle; "jusqu'à présent, je n'ai jamais connu le Christ. Elle l'a rendu réel pour moi, l'a rapproché de moi, et il est devenu ce qu'il n'avait jamais été auparavant : mon ami personnel."

CHAPITRE X

LA QUESTION BRÛLANTE

C'était le souhait souvent exprimé par Mme Joséphine Butler que la Maréchale puisse se joindre à sa croisade contre le tristement célèbre trafic des esclaves blanches. Dans l'une de ses premières lettres à son amie, elle disait : « Très chère Catherine, le parti méchant, comme vous le savez, a triomphé aux élections en Suisse, et le gouvernement de Genève a adopté cette loi maléfique que nos amis essayaient d'arrêter. .. Comme ce serait bien si vous et moi pouvions *nous lever ensemble* à Genève, dénoncer leur méchanceté et proclamer le Sauveur . J'adorerais le faire. Plus tard , elle écrivit à propos de sa jeune amie : « Oh, je pense parfois que si elle participait au travail de notre Fédération, quelle récolte elle pourrait nous apporter, ou plutôt apporter à Dieu !

La Maréchale considérait le désir de cette sainte et chevaleresque comme impliquant une sorte de dépôt sacré. Son propre cœur a été très tôt et profondément troublé par les aspects les plus sombres de notre civilisation moderne . Lorsqu'elle et ses deux courageuses camarades, Florence Soper et Adelaide Cox, prirent leur premier appartement à Paris, elles furent choquées d'apprendre qu'elles avaient pour voisines les plus proches , en haut et en bas, à droite et à gauche, des familles non consacrées par aucun. lien de mariage; et, au cours de leur travail ordinaire , ils se trouvaient d'heure en heure confrontés à tous les démons du vice. Les faits sinistres, dont la plupart des chrétiens, heureusement pour leur tranquillité d'esprit, ne savent que peu ou rien, ont été gravés dans l'âme de ces nobles femmes, dont chacune s'est consacrée à une bataille *à outrance* contre cette forme de mal des plus épouvantables. Et n'ont-ils pas fidèlement respecté leur vœu ? Existe-t-il des Anglaises vivantes qui ont fait autant pour protéger nos enfants innocents et élever nos sœurs décédées que ces trois-là, qui ont travaillé, souffert et prié ensemble pour la première fois il y a trente ans dans la Villette de Paris ?

En racheter son engagement, la Maréchale non seulement offrit des dîners de minuit aux *filles déchues* des grandes villes dans lesquelles elle menait ses campagnes, non seulement fonda des Maisons de Secours à Paris, Nîmes , Lyon et Bruxelles, mais s'efforça de faire du problème de la pureté un question nationale, qui doit être traitée de manière politique par chaque citoyen patriote.

Elle s'adressait fréquemment aux grandes réunions des hommes de Paris et d'autres villes sur ce sujet, lançant des appels irrésistibles au cœur et à la conscience. Il était étonnant de voir comment elle entraînait avec elle le public le plus critique, même si de temps en temps un auditeur indigné se levait d'un bond et se précipitait hors de la salle ou du théâtre où se tenait sa réunion.

Elle refusait fermement de croire que rien ne pouvait être fait pour le *moral* des Français, et sa foi dans la chevalerie innée du peuple était amplement justifiée. Le respect avec lequel elle a été entendue était un hommage non seulement au magnétisme personnel de la vie consacrée, mais aussi à l'idéal chrétien de chasteté. Les journalistes lui ont souvent dit que quiconque , homme ou femme, aurait osé prononcer la moitié des vérités domestiques qu'elle exprimait aurait été expulsé de la ville. Expliquez-le comme on veut, quand elle plaidait la cause sacrée de la féminité, les hommes applaudissaient à leur propre mal. « Messieurs, s'écria-t-elle, je ne suis pas Française, mais j'aime votre nation. J'ai fait de votre pays le mien, et je comprends ce que pourrait être la France sans le ver qui ronge la racine de votre vie nationale. Je frémis en pensant - cela me rend littéralement malade de voir - combien de milliers de mes sœurs, et vos sœurs, dans votre belle ville, sont ministres des vices. Tant, me disent vos policiers, moins de vingt ans, tant moins de dix-sept ans, donc beaucoup ont moins de quinze ans, et il y a même ceux connus de la police qui ne sont pas adolescents. Messieurs, ils ne pèchent pas seuls, car nous sommes tous *solidaires* . Ils sont comme vos propres filles, vos femmes, vos douces petites filles. Ils Ils ont du cœur, ils ont un cerveau, ils sont intelligents, ils feraient de belles mères, nos compagnons de route, nous aidant et partageant nos fardeaux. Et, hélas, qu'avez-vous fait d'eux ? N'importe quelle nation qui peut voir ce *qui* se passe dans ses villes jour après jour et nuit après nuit, sans un mot, sans une protestation — qui peut voir ce splendide bien, la femme, qui devrait enfanter ses fils et ses filles, sacrifiés et vendus au vice, à la maladie et à une mort prématurée, — qui la nation est en déclin. Ne me dites pas qu'un homme digne de ce nom peut se taire devant ces faits prodigieux. Un tel homme n'est pas un Français.

« On me dit que les choses ont toujours été ainsi et qu'il en sera toujours ainsi. J'entends dire de partout que ce vice est une nécessité. Que certaines femmes, que les filles des pauvres, soient sacrifiées, est considéré comme inévitable. Eh bien, messieurs, comme vous dites que c'est pour l'utilité publique, suivez votre raisonnement jusqu'à sa conclusion logique, soyez justes envers ces pauvres créatures ; ne les méprisez pas, ne les traitez pas de perdues, déchues, de prostituées ; soyez honnêtes et honnêtes. Reconnaissez-les, permettez-leur d'être au moins au même niveau que nos soldats qui se sacrifient pour leur pays. Loin d'avoir honte d'eux, honorez -les pour leur service rendu à nos fils et à notre nation.

" Mais vous dites " ce n'est qu'une *fille* " , et un de vos sénateurs a déclaré publiquement que " nous sommes arrivés à une belle situation si *un honnête homme* ne peut pas s'acheter *une bonne fortune* ". Seulement une *fille* ! Vos mères n'étaient autrefois que *des filles*, vos femmes n'étaient que *des filles*, et que sont vos propres filles ? Où est la différence ?

"Un honnête *homme* ! Je ne suis pas une religieuse ; je ne suis pas une haineuse qui parcourt le monde. Je vénère l'homme. Il est à moitié un dieu. Regardez ses œuvres dans tous les domaines - le roi de la création, ayant reçu ce merveilleux commandement. pour soumettre et gouverner, ayant tout sous ses pieds. Lorsqu'il s'élève vers sa destinée, qu'il devient un collaborateur de Dieu et qu'il met sa vie et son exemple - ce merveilleux miracle appelé influence - du côté de la justice, il s'élève au sublime. La somme de bonheur, de joie pure et de paix, qu'un homme bon peut apporter au petit groupe à la maison, puis à la communauté, à la ville, au monde, ne peut être estimée. Et la somme de misère, la malédiction, le fléau qu'un homme peut apporter à une femme, aux enfants, à tous ceux qu'il touche, cela aussi ne peut pas être estimé. Un *honnête homme* ! Il ne s'arrête même pas là où font les vaches et les chevaux. Il va un des milliers de kilomètres au-dessous d'eux ! Et pourtant, l'assouvissement des passions n'est pas plus une nécessité que la consommation d'alcool n'est une nécessité pour un enfant d'un an. C'est la société qui éveille ces mauvais désirs, et ils se développent sous l'influence d'une éducation funeste.

"Messieurs, vous dites qu'une mauvaise femme est pire qu'un mauvais homme. Avez-vous déjà réfléchi que les torts qui lui sont causés sont bien plus profonds ? Avez-vous réalisé que son maquillage est mille fois plus délicat et complexe que le vôtre, et " Qu'en conséquence ce péché rend son travail plus court ? Son désespoir est plus noir et elle est téméraire. Vous lui enlevez l'espoir d'avoir un jour un petit foyer à elle, d'avoir toujours un vrai mari, de s'entendre toujours appeler mère. " Vous avez fait cela avant qu'elle puisse se rendre compte de ce que vous avez fait. Elle n'attend pas, n'estime pas. La réalisation lui vient plus tard dans la vie. Et quand cela arrive, n'est-il pas étonnant qu'elle s'envole pour boire et devienne une Démon ? N'est-ce pas moi ? N'est-ce pas vous ?

"Dites tout ce que vous voulez contre la femme. Comptez les péchés de votre côté et du sien. Pourtant votre page est noire comme l'encre comparée à la sienne. Pensez aux manières généreuses, absolues, totalement aveugles qu'elle aime.

"Le cœur de la femme court à l'amour

Comme les rivières se jettent dans les mers.

"Vous avez votre vie, votre travail, vos divertissements; mais l'amour est toute son existence. Elle est créée de cette façon. Cela rend votre péché en trompant un cœur confiant infiniment plus grand.

" Vous pourrez ensuite faire un bon mariage et être fier de la douceur de votre charmante épouse, mais la vision d'une autre, un visage pâle, ne vous traverse-t-elle pas parfois l'esprit ? Et quand vous regardez votre petit lit, n'est-ce pas voyez-vous un autre visage de bébé, une autre petite vie que vous n'avez jamais possédée, dont vous êtes l'auteur et qui est également la vôtre devant Dieu ? Le cœur d'une femme a été brisé, et il y aura un châtiment.

Tandis que la Maréchale se tenait seule, plaidant en tant que femme la cause de la femme, son public de Français instruits était parfois si profondément ému et convaincu qu'il tremblait et sanglotait sous le pouvoir de l'émotion ; et quand ils se levèrent à la fin pour chanter un hymne qu'elle avait écrit lorsqu'elle était jeune fille, et qui a été traduit dans de nombreuses langues :

Oté à nous mes péchés !

Oté à nous mes péchés !

Agneau de Dieu, je viens à toi ,

Oté à nous mes péchés ,

les paroles et la musique déferlaient sur le public comme une vague, envoyant beaucoup de gens avec la conscience torturée et le visage baigné de larmes.

Un matin, après une telle réunion, on sonna à la porte de la Maréchale , et une dame fut introduite auprès d'elle. S'avançant sans un mot, elle prit entre ses mains le visage de la maréchale et l'embrassa chaleureusement à la française en lui baisant les deux joues. La Maréchale demanda quel était le sens de cette douce affection.

"Oh!" dit l'inconnu, vous m'avez rendu mon mari. Il vous écoutait cette nuit, et quand il est revenu, il est tombé à mes pieds et m'a prié de lui pardonner, en jurant qu'il ne me tromperait plus.

Ce n'était là qu'un des nombreux fruits de ces interventions.

Parfois, la Maréchale lisait devant un public *d'élite* une lettre qu'un homme de haute condition sociale écrivait à une charmante jeune fille dont il aurait dû faire son épouse. L'ayant rencontrée au Carnaval, il éveilla dans son cœur un amour adorateur, la trompa avec une promesse de mariage, lui passa une bague au doigt et, au bout de trois ans, l'abandonna ainsi que son petit garçon. La Maréchale porta la lettre à un éminent juriste et sénateur, qui avoua que, pour une cruauté de sang-froid, il n'avait jamais rien vu qui l'égale ; mais il ajouta tristement – telles sont les lois des pays chrétiens – que rien ne pouvait être fait pour réparer le mal. La lettre était la suivante :

"PETITE MARIE,

"Une fois de plus, je dois vous demander pardon pour tout le mal que je vous ai fait. J'espère cependant que vous serez fort dans les ennuis, plus fort que vous ne l'avez été jusqu'à présent. Ce sera pour moi une très grande consolation. Je je dois bien des remerciements pour les résolutions que la bonne petite Marie a prises hier, malgré son cœur et tous ses sentiments. Croyez que je ne l'oublierai jamais, et que cela m'a coûté bien avant de décider de briser votre idéal - mais, comme je l'ai dit, toi, je préfère être sincère. Tant que mon cœur était libre d'autres passions , je t'ai toujours considéré comme le meilleur ami que je possédais. Si je n'étais pas complètement heureux, c'est que vivre sans amour n'était pas vivre - mais toi, pauvre petite Marie, tu as souffert !

" Vous valez cent fois plus que moi, et c'est précisément à cause de cela que nous ne pouvions pas nous comprendre. Vous qui êtes si bon, trop bon, pénétré des sentiments les plus délicats, vous ne pourriez vaincre un homme ambitieux, car je suis très ambitieux.

" Tandis que vous rêviez d'une vie simple et tranquille avec moi, vous devez comprendre que les passions violentes, les richesses et une vie luxueuse sont pour moi essentielles. En un mot, nos idéaux sont complètement différents, et c'est un divorce d'âmes que je " J'ai accompli en te quittant. Le destin nous a fait nous rencontrer et le destin nous sépare. N'aie aucun ressentiment envers moi. Mon rêve maintenant est de me créer une toute nouvelle vie faite de bonté, d'amour et surtout fidélité dans une affection sérieuse.

"Je te sacrifie, c'est vrai, mais s'il en était autrement, pense au supplice que tu m'aurais infligé. Ne vaut-il pas mieux se séparer, chacun de nous gardant un bon souvenir de ce qui a fait notre union ? Pensez aussi à comment mon la vie est insupportable dans ce désordre maintenant que j'aime vraiment.

"Tu es bonne, Marie; sois courageuse maintenant. Le sacrifice que je te demande est énorme, je le sais, mais fais-le par amour pour moi, et je t'en serai éternellement obligé.

"Tu mettras toute ta tendresse dans le petit Gustave, que je n'oublierai jamais, et te rappellerai surtout que celui qui aime bien châtie bien. Au revoir, au revoir !

" Pardonnez-moi encore une fois et ne souffrez pas trop de votre exil. Mon seul espoir est que Gustave vous récompensera largement de toutes les souffrances que vous avez endurées, si peu méritées pendant ces longues années.

"Je reste,

"Votre dévoué--."

Marie était humaine, et lorsque le jour du mariage approchait, un violent ressentiment s'enflammait dans son jeune cœur. Elle songea à faire une scène à l'église et à gâcher la joie du marié. Son frère a attisé son sentiment brûlant de tort et a promis de la soutenir si elle cherchait à se venger. Mais la Maréchale la suppliait, l'amour du Crucifié la contraignait, et le matin des noces elle écrivit ce petit mot pathétique suivant : « Il doit se marier aujourd'hui. Les cloches des noces sonnent... C'est " Tout est fini, chère Maréchale , et je suis à genoux dans ma petite chambre. Tout va bien ; la paix du Christ est dans mon cœur, et j'ai la victoire. " Ce n'est pas une romance, mais un peu de la vraie vie. Lequel d'entre nous aurait fait comme la petite Marie ? Elle ne le savait pas, mais elle était digne ce matin-là du ministère des anges, de ceux qui brillent, qui n'ont jamais péché ni souffert.

Parfois, la Maréchale racontait à son public une histoire pour prouver quels puits d'amour il y a encore dans le cœur des plus abandonnés. Au cours d'une campagne de trois mois à Lyon, qui aboutit à l'un des réveils les plus remarquables auxquels elle ait jamais participé, elle donnait un souper de minuit. Ses officiers s'étaient rendus dans les maisons les plus notoires et avaient laissé une carte contenant ces mots : « Une dame dévouée à la cause des femmes désire leur parler de sujets qui les intéressent profondément, à... Hall, à midi ce soir. . Souper, musique et chant.

La ville avait été déplacée et les riches manifestaient leur sympathie pour cet effort. Ayant fait l'expérience fréquente des risques liés aux rassemblements de minuit, la Maréchale a suscité l'intérêt de la police, qui à cette occasion lui a apporté toute l'aide possible.

Tard dans la soirée, la table était recouverte de nappes damassées et ornée de fleurs. Un souper composé de rosbif, de légumes, de fruits et de café noir a été préparé. Vers minuit, le piano commença à jouer, afin que ceux qui entraient dans la salle fussent accueillis par une musique joyeuse.

Certaines filles entraient en riant et ressortaient rapidement, pensant évidemment qu'il devait y avoir une tromperie. Ils ne croyaient pas que les banquets soient organisés pour rien. Il était parfois très difficile de les convaincre que ce n'était pas une farce.

Bientôt, une horrible vieille sorcière apparut – il serait difficile d'imaginer une femme plus laide et plus repoussante. En s'approchant de la Maréchale, elle dit :

"Tu es la Sainte Vierge. Je le sais. *Oui , vous es la Sainte Vierge , je le sais .*

La Maréchale ne savait que dire, tant elle était interloquée.

"Tu es la Sainte Vierge", répéta la vieille femme.

"Venez causer avec moi," dit la Maréchale , "et souper. Je suis enchantée de vous voir."

La femme a ri. "Non, non, non, ce n'est pas moi que tu veux— *Ce n'est pas moi qu'il il faut* ."

"Oui, c'est toi. Je suis heureux, crois-moi, je suis si heureux de te voir. C'est toi que je veux. Asseyez-vous."

Finalement, avec beaucoup de difficulté, on la persuada de s'asseoir. Mais elle n'est restée qu'une minute. La Maréchale se tourna pour parler à quelqu'un, et la vieille femme s'élança hors de la salle. Elle est partie comme un éclair.

"Nous ne *la reverrons* plus, Maréchale ", a déclaré l'un des officiers.

La Maréchale commença à s'en prendre à elle-même. Pourquoi n'inspirait-elle pas confiance à la pauvre créature ? Pourquoi ne pouvait-on pas la mettre au repos ? Pourquoi s'était-elle enfuie ? Elle avait semblé soupçonner quelque chose. Ce fut une vive déception.

Après quelque attente, les filles commencèrent à arriver, et les tables se remplirent, mais chaque fois que la porte s'ouvrait, la Maréchale tournait les yeux vers elle dans l'espoir de voir revenir sa vieille femme. Son esprit était sombre parce que cette femme était sortie, ne croyant pas qu'elle était la bienvenue, pensant qu'elle était trop vieille et trop laide.

La belle grâce, "Nous Te " Benissons ", a été chanté, la prière a été offerte et une douce musique a rempli l'air pendant que les assiettes étaient distribuées. Certains des invités étaient jolis et certains laids, certains jeunes et certains vieux, certains vêtus de haillons et certains habillés à la hauteur de Quelques pauvres créatures affamées réclamaient quatre ou cinq fois une assiette de viande, tandis que d'autres, ayant déjà soupé, se contentaient de toucher un petit fruit de leurs doigts délicats et de siroter une tasse de café noir.

Le souper était presque fini, et la maréchale se préparait à parler, quand la porte s'ouvrit brusquement, et notre vieille femme entra, avec une jolie jeune fille, blonde comme un lys, sur un bras, et une brune, également jeune et aussi jeune. belle, de l'autre. Elle monta vers la « Sainte Vierge », avec son cher vieux visage radieux.

" *Voilà* ! Je suis allé les trouver. C'est *ceux-là* que tu veux ! Pour moi, c'est trop tard, mais montre-leur *l'envers de la médaille* . "

La Maréchale ne pouvait pas parler. Ses yeux se remplirent de larmes. Les mots la traversèrent. La femme ne savait pas quel acte elle avait fait, ni quelle phrase inoubliable — *le revers de la médaille* — elle avait prononcée.

"J'ai passé beaucoup de temps à les chercher", a-t-elle déclaré. "Je *suis content... Je suis contente* ."

"Et moi aussi, je suis heureuse", dit la Maréchale , "mais surtout parce que vous êtes venus."

" *Moi !* ! pour moi c'est fini. Pour moi c'est trop tard. Mais ceux-là... ils sont jeunes, ils sont jolis, ils ont la vie devant eux. C'est ceux-là que tu veux ! "

Les trois s'assirent, la Maréchale emmenant la vieille à côté d'elle. Et elle n'a jamais servi une tasse de café avec autant de plaisir de sa vie.

Au fil des années , elle racontait parfois l'histoire de cette vieille femme un dimanche matin à une congrégation anglaise, puis posait la question intrigante : « Lequel d'entre vous a déjà passé deux heures, jour ou nuit, à chercher une âme perdue comme elle l'a fait ? "

CHAPITRE XI

LE FILS PRODIGUE

Le baron X, fils aîné du baron de ce nom, est né à Bordeaux et a grandi dans une famille de strictes traditions catholiques. Il étudia au Collège de Tivoli et au Lycée, mais ne s'intéressait qu'au sport et au plaisir. Après avoir gaspillé une grande partie des biens de son père dans une vie tumultueuse, il fut informé que son allocation serait entièrement supprimée à moins qu'il ne parte à l'étranger pendant un certain temps. Parti en disgrâce, il s'embarqua pour New York, et commençait à goûter l'amertume de l'exil, lorsque, par hasard entrant un jour dans un grand restaurant, il fut étonné de rencontrer son cousin, le vicomte de X., qui, ayant hérité de une fortune de deux millions de francs, s'empressait de la dilapider. Se jetant au cou l'un de l'autre, ils devinrent aussitôt compagnons de plaisir. Se livrant à toutes sortes de folies, ils dépensèrent en quelques mois des sommes immenses.

Le baron X craignait de s'accorder un seul instant de réflexion sur l'énormité de ses erreurs. Il était intérieurement malheureux et constatait que tous ceux qui recherchaient le plaisir étaient aussi malheureux que lui. Un soir, lors d'un bal à Montréal, il dit à la reine du bal, admirée de tous pour sa beauté et son charme :

"Est-ce que je pourrais découvrir comment m'amuser à nouveau !"

Elle a répondu : "Si *j'ai* l'air d'être gay, je n'ai aucune raison de l'être. Oh, comme je souffre !"

Le jeune homme sentait que l'existence devenait de plus en plus mécanique, les jours se succédant dans une monotonie sans fin d'amusements insatisfaisants. Il semblait vivre dans un mauvais rêve.

Au bout d'un moment, il revint en France, et un soir il était assis, le cœur triste, sur le balcon du *Café de la Paix*, se demandant vers quel lieu de plaisir il devait tourner ses pas, lorsque des filles salutistes vinrent lui offrir leur journal. aux clients. Ils furent accueillis avec les plaisanteries habituelles. Le baron X a demandé au serveur s'il savait qui étaient ces personnes.

" Oh oui, monsieur, ce sont les *Salutistes* , et si vous voulez bien rire, il n'y a qu'à aller rue Auber, qui est tout près ; ils ont là une salle où l'on pourrait passer une bonne soirée. ".

Sa curiosité éveillée, le Baron X se rendit à l'endroit indiqué, emmenant avec lui une *fille de joie* . Le jeune homme blond et son compagnon étaient assis au fond du couloir en riant. Ce soir-là, il y eut des « témoignages » qui, d'une manière ou d'une autre, retinrent l'attention du baron X. Il ne pouvait s'empêcher de se demander pourquoi ces jeunes semblaient si heureux. Puis un jeune officier a lu les mots : « Le salaire du péché, c'est la mort, mais le don gratuit de Dieu, c'est la vie éternelle par le Christ Jésus notre Seigneur », et a prononcé un discours dont le langage n'était pas correct, mais extrêmement incisif. Le baron X se dit : « Il connaît mon histoire et me parle. En sortant, il acheta quelques publications qui étaient exposées en vente à la porte, et passa la nuit à les lire. Il vint seul le lendemain soir et un grand conflit spirituel commença. Il continua à venir et resta une nuit en arrière, souffrant d'une agonie d'âme. En sanglotant à haute voix, il a avoué qu'il avait mené une vie sauvage et méchante, déshonoré son nom et brisé le cœur de sa mère. A une heure du matin, il s'est donné à Dieu.

La Maréchale vit qu'il avait peur de lui-même à Paris et lui ouvrit ses portes. Pendant six mois, il vécut en partie chez elle et en partie au quartier général de la rue Auber. Elle le connaît très vite et est frappée par sa simplicité et sa sincérité absolue. Il avait complètement rompu avec le passé et n'avait jamais eu une seule *arrière-pensée*. Il était prêt à tous les sacrifices et au service le plus humble.

Un jour, un agent de police vint dire à la Maréchale qu'elle avait quelqu'un habitant chez elle et portant l'uniforme de l'*Armée du Salut*, qui se faisait passer pour le fils du baron X. Elle appela le baron X, et, tandis que les deux les hommes se regardaient et disaient : « C'est le fils du baron X. » Le fonctionnaire s'est excusé et s'est retiré.

Le baron X avait écrit à ses parents pour annoncer sa conversion, mais il n'avait reçu aucune réponse. Au bout de six mois, la Maréchale dut commencer une *tournée* à Bordeaux et dit au baron X qu'elle saisirait l'occasion pour aller rendre visite à ses parents. Il était ravi. Il espérait beaucoup et dit qu'il prierait.

Lorsque la Maréchale , en uniforme, s'approcha des portes du château du baron, un parfait inconnu l'arrêta et lui cria : « Ma pauvre enfant, qu'est-ce que tu vas faire dans cette maison ? Elle se contenta de sourire et de continuer son chemin, mais la question lui revint ensuite à l'esprit.

En sonnant la cloche, elle fut conduite dans une chambre luxueuse, et bientôt le baron, la baronne et leur fille apparurent. Elle fut reçue avec autant de rigueur que si elle eût été la représentante de la Reine, et eut du mal à commencer. En faisant un effort, elle a dit qu'ils avaient probablement appris de leur fils qu'un merveilleux changement s'était produit dans sa vie. Elle était heureuse de pouvoir le confirmer. Pendant six mois, elle et ses officiers avaient été témoins de sa vie et n'avaient rien remarqué dans ses paroles, dans ses regards ou dans ses actes, incompatible avec ce merveilleux changement.

Il n'y avait pas de réponse. Les parents et la fille regardaient simplement leur visiteur. Elle a continué-

"Je sais que sa vie a été mauvaise, mais j'ai pensé que vous seriez heureux d'apprendre sa conversion."

Alors la baronne ne put plus se contenir. Un torrent de mots sortit de ses lèvres. Elle dépeint la vie scandaleuse de son fils, qui avait été un véritable prodigue dans tous les sens du terme, gaspillant leurs richesses, amenant sa maîtresse dans leur maison et déshonorant leur nom.

"Mais," dit la Maréchale , "c'était avant son changement. N'évoquez pas ce qu'il était autrefois. Pensez à ce qu'il est maintenant. Il a vécu parmi mes enfants, et je peux lui faire confiance pour entrer et sortir avec moi. Je connais quelque chose des conversions réelles, et je pense pouvoir juger. Je vous assure qu'il est devenu un homme nouveau, avec de nouveaux désirs, de nouvelles aspirations, une nouvelle nature.

Ces assurances n'ont fait qu'aboutir à une autre description réaliste de ses péchés.

" Mais ", plaida la Maréchale , " c'était quand il était Saul ; maintenant il est Paul ".

Ils regardèrent fixement et ne comprirent pas le sens de ses paroles.

"Qu'il revienne à l'Église catholique", dit le baron. Que son fils prétende avoir été sauvé en dehors de la sainte Mère Église était évidemment un dernier coup porté à son orgueil.

"C'est sûrement une question secondaire", dit la Maréchale . "Considérant à quel point il a été pécheur, peu importe par qui le changement s'est produit. Il a été converti dans l'Armée *du Salut* , mais il n'y a qu'un seul Dieu et un seul Sauveur . Catholiques et protestants se ressemblent s'ils n'ont pas de vie. ".

Mais la baronne se redressa dans sa belle robe et dit :

"Qu'il revienne à l'Église catholique, sinon il ne recevra plus jamais un sou de notre part."

La Maréchale comprit qu'il était temps de mettre fin à l'entretien.

"Très bien, baronne," dit-elle en se levant, "je serai la mère de votre fils. J'achèterai des vêtements et des bottes à votre fils."

Sur ce, elle quitta leur maison déçue et lasse, après avoir passé des heures sous leur toit à plaider la cause de leur fils, mais ils ne lui avaient jamais offert ne serait-ce qu'une tasse de thé.

A son retour à Paris, elle appela le baron X. Son visage se décrocha lorsqu'elle commença à parler. Elle lui dit d'être courageux, lui raconta son entrevue avec son peuple et termina en disant : « Je serai pour toi une mère et tu ne manqueras jamais de rien.

Il travailla avec elle à Paris pendant quelques mois, puis il reçut un télégramme : « Viens vite, père mourant. La Maréchale l'empressa de partir, et il lui raconta ensuite son voyage mouvementé.

Lorsqu'il rentra chez lui, il trouva la maison silencieuse, chaque bruit étant étouffé à l'extérieur et à l'intérieur.

"Est-ce que je suis trop tard?" Il a demandé.

"Non, chut ! Il te réclame tout le temps. Viens vite."

A l'étage, il se rendit dans la chambre de son père. En entrant, il aperçut deux fines mains blanches sur la couverture et entendit une voix :

"Est-ce mon fils ?"

"Oui père!"

D'un bond, il se retrouva au bord du lit et tomba à genoux. La respiration devenant épaisse et rapide, son père dit faiblement :

"Oh, mon fils, ta religion est meilleure que la mienne. Pardonne à ton vieux père de ne pas t'avoir pardonné."

Lui tenant la main, son fils lui parlait du Sauveur et lui chantait quelques-uns des refrains qu'il avait appris dans l'armée. Père et fils étaient à des milliers de kilomètres du catholicisme et du protestantisme. Ils étaient simplement en présence du Sauveur . Avec des paroles de salut dans les oreilles et des bras filiaux autour de lui, le vieux baron est décédé.

Lui-même devenu baron X, il a fait fortune. Aussi mauvais qu'ait été un fils aîné, il ne peut, selon la loi française, être déshérité.

Pendant les quatre années suivantes, le baron X fut officier dans l' *Armée du Salut* . A Paris et Nîmes , en Angleterre et en Belgique, il œuvre avec ardeur au salut des âmes. Il était avec la Maréchale dans sa campagne à Bruxelles.[1]

[1] Décrit au chap. XIII.

Il épousa Mlle. Babut , la fille du pasteur bien connu de Nîmes . En tant que fille, elle avait été brillamment intelligente, mais très volontaire , fermant son cœur à tous ceux qui cherchaient à l'influencer pour le bien. Quand la Maréchale venait à Nîmes , elle allait, comme tout le monde, aux réunions, emmenant avec ses amies qu'elle excitait à se moquer et à rire. Mais un étrange pouvoir s'empara d'elle. En vain elle tenta de s'enfuir en ridiculisant ce qu'elle entendait. « Un soir, selon ses propres mots, la Maréchale , dirigée par Dieu, tourna vers moi ses yeux pleins et me dit : « Jeune femme, vous n'avez pas le droit de gâcher votre vie. Claire, pointue, tranchante comme une épée, cette vérité m'a pénétré, et avec elle la conviction : « Je dois me soumettre à Dieu ici et maintenant. » Trois mois plus tard, elle était à la Maison d'Entraînement à Paris.

Le baron X et son épouse devinrent ensuite missionnaires à Madagascar. Ils se sont donnés corps et âme dans ce travail. Lorsque la santé du baron X commença à se détériorer, ils rentrèrent chez eux et il continua à travailler pour le Christ aussi longtemps qu'il lui restait des forces. Sa fin est survenue en 1911. Le pasteur Babut a déclaré qu'il était sur son lit de mort depuis cinquante ans, mais qu'il n'avait jamais rien vu d'aussi beau que la dernière fin du baron.

« Courage », dit quelqu'un au mourant.

"Courage ? Je n'en ai pas besoin quand le ciel m'est ouvert."

"Vois-tu le Seigneur Jésus près de toi?"

"Mais je suis avec Lui !"

"Dieu vous a utilisé pour travailler pour Lui."

"Tout ce que j'ai fait ne compte pour rien, il ne reste que l'immense grâce et l'amour de Dieu."

CHAPITRE XII

TELLEMENT GRANDE FOI

C'était le milieu de l'hiver et le sol était couvert de neige. Il n'y avait pas de petites inquiétudes à la Villette. Il fallait combler quarante bouches affamées à l'École Militaire , et il n'y avait rien pour le dîner. Le simple fait était que la caisse était vide et il était difficile de ne pas avoir le cœur gros. Mais la maxime d'un *Salutiste* est "Continuez à croire !" Dieu n'avait jamais abandonné la Maréchale lorsqu'elle lui faisait confiance. Elle considérait la dépression et la mélancolie comme un manque de foi. Elle a demandé à sa secrétaire d'appeler un *fiacre* . Quand ils sont entrés, l'officier a dit :

"Tu as le ticket, Maréchale ?"

"Non!"

"Mais---"

"Que le Seigneur ait pitié de vous ! Où est votre foi ? Mettez-vous à genoux et priez !"

L'officier obéit immédiatement. Ils prièrent tous les deux – c'était une vraie prière – et leur cœur devint plus léger.

Le *fiacre* s'est arrêté à la porte d'une belle maison des Champs Elysées . Il fallut attendre, car il n'y avait pas d'argent pour payer le *cocher* .

La Maréchale fut introduite dans un appartement luxueux et s'entretint bientôt de son âme avec une comtesse russe. Ils ne s'étaient jamais rencontrés auparavant, mais ils ont trouvé un terrain d'entente.

" Moi aussi, dit la comtesse , j'adore le Christ ! Venez voir... Regardez, le Christ ! "

Ils se tenaient devant une belle image du Rédempteur couronné d'épines.

"Je l'adore!" répéta-t-elle.

"Mais c'est une chose, dit la Maréchale , de l'adorer ici dans ce décor charmant, et une autre chose de l'adorer au milieu de la crasse, de l'immoralité et de la misère de la Villette, où je vis nuit et jour parmi les pauvres." et les mourants, et où j'ai consacré de jeunes camarades qui ont quitté des foyers confortables et des perspectives brillantes, et qui travaillent maintenant pour le Christ et ne reçoivent rien en échange. Qu'est-ce que votre adoration du Christ comparée à la leur ?

La comtesse restait silencieuse et se sentait visiblement mal. Elle avait soudain reçu un nouvel éclat sur l'adoration de Jésus, et, comprenant que les actes valent mieux que les paroles, elle quitta la pièce un instant, pour revenir avec une offrande de 500 francs.

C'est grâce à de tels dons que l'armée s'est maintenue sur le continent. La Maréchale , c'est un peu étrange à découvrir, était non seulement l'apôtre mais le financier de l' *Armée du Salut* en France. D'autres, bien sûr, pouvaient administrer les fonds, mais c'était à elle qu'incombait la charge de reconstituer le Trésor. A mesure que les années passaient et que le travail s'allongeait, la tâche devenait de plus en plus lourde. Il fallait nourrir les officiers, payer le loyer des maisons et des salles, entretenir le foyer d'entraînement, les foyers de secours, les orphelinats, les foyers de repos, et pour faire face à toutes ces dépenses, la Maréchale travaillait, voyageait et écrivait d'innombrables lettres. Ceux qui adoraient le Christ lui envoyaient leurs cadeaux de nombreux pays.

Même s'il y avait de nombreux soutiens généreux à l'armée en France et en Suisse, les contributions les plus importantes provenaient du pays d'origine. Nous avons noté que le Général n'aimait pas voir l'écriture de Catherine, car il pensait à sa colonne vertébrale fragile. Pourtant, en une journée, elle et sa secrétaire écrivaient parfois plus d'une centaine de lettres de leurs propres mains, qui à la fin étaient trop exiguës pour en écrire davantage. L'expérience lui avait appris la valeur d'une candidature personnelle. Beaucoup de sympathisants qui auraient donné 5 £ en réponse à une lettre dactylographiée ont fait bien mieux en recevant un appel chaleureux rédigé de la propre main du leader. Elle s'est même donné pour règle de rédiger elle-même les reçus.

Les mois maigres ont mis à l'épreuve l'esprit du Training Home. Même s'il n'y avait rien à manger à part une assiette de soupe aux choux et une pomme de terre, les cadets ne murmuraient jamais. « *C'est la vie apostolique* », se disaient-ils gaiement. Et il était facile de supporter n'importe quelle épreuve lorsque leur chef la partageait avec eux. Celui qui fut officier avec elle pendant des années écrivait : « En toutes choses, elle était notre exemple. Si vous vouliez susciter son mécontentement, vous n'aviez qu'à lui donner à manger que les ouvriers n'avaient pas. Comme elle était de santé délicate. " Parfois, son entourage essayait d'obtenir un peu de luxe pour tenter son appétit ou la fortifier. On leur répondait : " Qu'est-ce que c'est ? Ce n'est pas pour moi, j'espère, car, même si c'est très bon, toi, je ne le voulais pas et je n'aurai rien de tel. Ensuite, elle le partagerait avec tout le monde."

Chaque fois qu'on apprenait que le Trésor était presque vide, les officiers et les élèves-officiers savaient qu'il s'agissait d'un appel à la prière. Une fois, les loyers des halls de la rue Auber et du quai de Valmy étaient dus ; il n'y avait rien pour les rencontrer ; et il n'y avait que trois jours de grâce. C'étaient des jours d'agonie. Tous les officiers qui avaient quelque chose à revendre l'ont donné. Les enfants de l'orphelinat donnèrent trois francs et dix centimes.

Mais une fois le mieux fait, il ne restait plus une dîme des 3000 francs nécessaires.

Tout le monde s'est réuni pour la prière. La Maréchale parla sur ces mots : « Même si le figuier ne fleurit pas, et qu'il n'y aura pas non plus de fruit dans les vignes... le troupeau sera retranché du troupeau, et il n'y aura pas de troupeau dans les écuries : pourtant je le ferai. réjouissez-vous dans le Seigneur. Elle sonna les changements sur ce « réjouissez-vous », demandant : « Sommes-nous *là* ? Oui, ils étaient tous là, soucieux de rien, mais en tout, par la prière et l'action de grâce, disant à Dieu leurs besoins.

Dans ces moments-là, le chef de la petite bande sentait que Dieu devait prendre soin de son nom, de son honneur ; Il *devait* envoyer ce qui était demandé. Qui remettra en question une telle foi ? Le peuple allemand n'a-t-il pas dit à propos de Luther : « Voici l'homme qui obtient de Dieu tout ce qu'il demande ? Alors que la Maréchale voyageait avec son secrétaire dans une voiture de troisième classe dans l'Ouest de la France, les pauvres gens montèrent avec leurs paniers de légumes, et l'un d'eux dit à voix haute : « Faites attention à ce que vous dites ; ces gens-là quand ils prient, obtenez de Dieu tout ce qu'ils veulent.

Rendre. Le matin du dernier jour de grâce, la Maréchale reçut d'Écosse une lettre contenant une traite de 100 £, un « Que Dieu vous bénisse » et rien de plus. Elle n'a jamais su quel genre de cœur humain avait été poussé à envoyer cette lettre. Mais elle n'a jamais douté que Dieu l'avait envoyé.

De tels événements n'étaient pas isolés. Voici le témoignage de M. Grandjean , qui fut pendant des années l'un des meilleurs officiers de la Maréchale . "Je pense avec gratitude à Dieu aux jours difficiles où notre foi a été mise à rude épreuve, lorsque j'étais caissier quai de Valmy, et que je n'avais pas un shilling, et qu'il fallait payer les 6000 francs de loyers et autres dépenses. Je n'oublierai jamais ma joie immense lorsqu'un soir je fis appel aux cadets qui savaient prier avec foi, et que cinq ou six d'entre nous prièrent avec moi dans la petite cuisine du quai de Valmy. Le lendemain, la Maréchale reçut par le premier courrier. un chèque de 6000 francs de quelqu'un qui ne savait pas que nous étions dans le besoin."

Dans l'une de ses *tournées,* la Maréchale travaillait dans le sud de la France. Même si elle était dans le plus grand besoin et avait le cœur lourd, elle poursuivit ses réunions, lorsqu'une dame qui avait été merveilleusement bénie et dont deux enfants avaient été sauvés grâce à son ministère, fut poussée à lui faire une offrande de remerciement de 5 000 dollars. francs. Ayant dû voyager toute la nuit pour rentrer à Paris et se trouvant seule parmi une bande d'ouvriers, la Maréchale mit l'argent dans son sein et pria : « Maintenant, garde ton petit », mais n'osa pas dormir.

Parmi les soutiens indéfectibles de l'armée en France se trouvaient les amis personnels de la Maréchale . L'une des plus chères d'entre elles était Madame de Bunsen, née Waddington, qui a écrit *In Three Legations* . Ils se sont rencontrés pour la première fois à Cannes, où la Maréchale faisait campagne au théâtre ; et un gros paquet de lettres, partie en français et partie en anglais, témoigne de la chaleur de leur amitié. Madame de Bunsen persuada un jour la Maréchale de se reposer quelques semaines dans son château du Rhin ; une autre fois, elle essaya de l'inciter à visiter Florence, mais la Maréchale ne parvint jamais à se remettre du sentiment que prendre des vacances était un retour en arrière.

Un autre de ses soutiens constants était M. Frank Crossley, cet homme d'affaires à la noble âme dont *la vie* a été admirablement écrite par Rendel Harris. Peu de temps après le départ de la Maréchale en France, il écrivit pour exprimer son « ardente sympathie » pour son œuvre. « J'ai, dit-il, rencontré et connu plusieurs ouvriers chrétiens – DL Moody, Miss Ellice Hopkins, Miss Mittendorff et d'autres – mais je vous dirai que peut-être aucun d'entre eux n'a créé la même impression que vous. "

Dans une de ses dernières lettres, elle écrit : « Dis-moi, comment se fait-il que ce qui nous semble si loin soit près de toi ? Elle était une belle âme et a trouvé la paix en Christ.

il a reçu de lui des centaines de lettres, et elles sont très intéressantes à lire. Ce qui l'attirait surtout vers la Maréchale , c'était son intimité avec le Christ, qui était, à ses yeux, la récompense du sacrifice de soi. Ses paroles sur ce thème sont très profondes.

"C'est une lutte dure et longue, mais seuls ceux qui luttent, qui consacrent leur vie à la cause, peuvent revendiquer une relation *de sang* avec le Seigneur Jésus. Les autres sont des cousins germains ou même pas aussi proches que cela. ... Ils ne le connaissent pas très intimement et ne se sentent pas vraiment à l'aise avec lui lorsqu'ils lui rendent visite le matin... Il rend l'entrée haute et la porte étroite afin qu'elles puissent être appréciées une fois acquises - je crois que c'est la clé. au mystère de la vie, ou du moins à une grande partie de celui-ci. Nous laisser monter au sommet pour la prière d'un instant et le sacrifice de rien serait dans bien des cas en tout cas impossible et inutile. Dites-moi bientôt plus de la façon de grimper. J'apprends lentement.

Le caractère de M. Crossley avait un côté pensif que l' amitié de la Maréchale contribua à modifier. À ce sujet, il estimait que « la parole ne devrait pas aller aussi loin que le sentiment », mais nous le trouvons bientôt en train d'écrire : « Das hallelujah Vögelein chante in meinem Herzen."

Ses dons au travail de l'armée, tant au pays qu'en France, ont été très généreux. Il donnait à la Maréchale plusieurs milliers de livres par an. Sa libéralité faisait partie de son culte du Christ. Rien de plus beau que ce qui suit : "Je sais que vous penserez qu'il s'agit d'une sérieuse réduction de mon capital. Eh bien, c'est une branche de l'arbre. "Ils ont cassé des branches des palmiers et les ont répandues sur le chemin et a crié Hosanna, et moi aussi. Et encore : « Vous m'êtes très reconnaissant pour ce que j'ai pu vous donner, mais si vous saviez combien je vous suis aussi redevable et reconnaissant , vous verriez comment Dieu nous rend inégaux pour que nous puissions nous instruire par l'aide et les services nécessaires qu'Il nous permet de rendre. M. Crossley souhaitait que la Maréchale accepte un don de 10 000 £ pour l'entretien de sa famille, afin qu'elle puisse être personnellement libre de tout souci financier, et lui proposa également de lui construire une maison en dehors de Paris, mais elle déclina ces deux offres, ne souhaitant pas être dans une position différente des autres officiers de l'armée.

En 1891, la Maréchale se rend en Amérique pour récolter des fonds pour les travaux en France. Accompagnée de sa secrétaire, Mme. Peyron —qui était sa convertie genevoise Mlle. Roussel — elle navigua en octobre sur le *Columbia* pour New York, et visita vingt-huit des principales villes des États et du Canada, tenant soixante réunions, voyageant parfois pendant trente ou quarante heures d'affilée, et une fois avec l'expérience supplémentaire de être enneigé pendant douze heures. Elle fut partout reçue très cordialement, et tous les bâtiments dans lesquels elle parlait étaient bondés. Les ministres lui ont offert des églises dans lesquelles une femme n'avait jamais parlé auparavant. Après une réunion, elle a reçu des invitations d'un évêque et de dix-sept pasteurs pour s'adresser aux congrégations sur son travail.

Les journalistes du monde entier ont trouvé qu'elle et ses déclarations étaient en bon état. "Elle n'a pas pu voir les représentants de la presse à New York, alors qu'ils sont venus par dizaines", comme l'apprend celui de Boston qui prétend être "son premier intervieweur américain". Il a constaté que "sa vie en France a donné une tournure gauloise à la langue de cette Anglaise. Elle est tout aussi française dans ses manières que son capitaine d'état-major, Madame Peyron , la Française aux yeux noirs qui voyage avec elle".

Un matin, elle reçut un grand accueil de la part des étudiants en théologie de Yale, à qui elle parla longuement des qualifications nécessaires pour « sauver les âmes », à savoir la possession d'un cœur pur et le baptême du Saint-Esprit. "Quand elle eut fini son discours, elle dit qu'elle était prête à répondre à toutes les questions qu'ils pourraient avoir à lui poser, et pendant une demi-heure, les étudiants et plusieurs professeurs lui posèrent une foule de questions qui auraient embarrassé et embrouillé les plus clairs. ministres intelligents du pays dans des circonstances similaires. Elle a cependant montré qu'elle avait déjà répondu à des questions et a donné des réponses qui ont suscité à la fois des rires et des applaudissements, car son esprit est vivement cultivé.

Il est intéressant de la voir à travers les yeux de Yale. "Son visage est une
étude qu'un artiste ou un sculpteur pourrait chercher pendant des années
sans trouver. Au repos, il rappelle les tableaux des Madones de Michel-Ange,
mais quand elle parle, son sérieux est si intense qu'il en est presque sévère. Sa
voix est celle que toute actrice pourrait très bien convoiter pour sa
profondeur et sa force. Elle est l'égale de celle du grand Bernhardt, et
pourtant elle est douce et douce, et n'a rien de la dureté du ton masculin. Son
accent est quelque chose charmante, car elle a tout l'attrait de la langue
anglaise rendu encore plus doux par une longue familiarité avec la langue
française. De sa longue connaissance des classes inférieures, des socialistes et
de tous les libres penseurs de France, elle a acquis cette fougueuse franchise
et aisance et attrait dans son parler si caractéristique de l'oratoire français et
si fascinant pour les Américains. Ce n'est pas une injustice envers cette
femme remarquable de dire que, si elle avait choisi la scène pour son rôle
dans la vie, son nom aurait certainement été aussi célèbre dans cette
profession telle qu'elle l'est aujourd'hui en tant que maréchale de l'Armée
française du Salut.

En Amérique, elle a eu l'immense bonheur de retrouver son frère Ballington
, qui, d'un an plus âgé qu'elle, avait été son copain d'enfance, et sa femme, *née*
Maud Charlesworth, qui avait été sa courageuse camarade dans la première
année. jours de persécution en Suisse.

Fin janvier 1892, la Maréchale rentre en France, après une absence de trois
mois et demi. L'Amérique lui avait donné 60 000 $ pour son travail et des
souvenirs d'une gentillesse illimitée.

CHAPITRE XIII

BEAUTÉ POUR LES CENDRES

« Vous avez ajouté un mot nouveau à la langue française, » disait à la Maréchale M. Sarcey , le célèbre critique ; « Je veux dire le mot « Salutiste ». » En 1881, il n'y avait pas un seul salutiste en France ni en Suisse. Après quinze ans, il y avait 220 commissariats et avant-postes, plus de 400 officiers, des quartiers généraux dans cinq villes et quatre hebdomadaires.

Mais ces simples faits n'indiquent que faiblement ce que la Maréchale a fait pour la France. Dans un moment de dépression à la pensée de l'infidélité française, la princesse Malzoff lui dit un jour :

"Les Français n'ont pas d'âme."

« Comment oses-tu, demanda la Maréchale , dire une chose pareille ?

Son amie répondit avec une charmante incohérence : "Mais vous avez retrouvé l'âme de la France !"

C'était peut-être le plus grand hommage jamais rendu à elle.

Si l'on demande à quelque Français qui a connu alors la Maréchale comment elle a conquis le cœur de la France, on obtient la réponse : « Mais c'est naturel, elle a le tempérament français ; et d'ailleurs, *elle aime la France* . » Si l'on demande à l'une de ses converties comment elle a trouvé l'âme de la France, la réponse est : « Ah ! elle nous a apporté le Christ, qui est partout victorieux. » Aux deux questions ont été répondues ensemble par celui qui, parlant au nom de beaucoup, a déclaré : « Elle nous a rachetés au prix de larmes et de sacrifices. »

Alors qu'elle était au zénith de sa puissance en France, une admirable appréciation d'elle fut écrite[1] par l'une des saintes du calendrier moderne, Miss Frances E. Willard. Nous extrayons quelques phrases. "Elle hérite, dit-on, plus que tout autre des huit enfants dotés et consacrés du Général et de Mme Booth, de leurs dons, grâces et grâces particuliers... La carrière de la Maréchale accomplit déjà la prophétie de son père selon laquelle les femmes, si une fois laissés libres dans leur action, ils développent des pouvoirs administratifs tout à fait égaux et souvent supérieurs à ceux des hommes... « J'aime la France, me dit-elle avec des yeux pétillants, c'est un grand et merveilleux pays, et je J'aime son peuple autant que j'ai toujours aimé le mien : je me suis familiarisé avec ses paysans de province, je me suis assis avec les Françaises qui claquent en sabots, j'ai partagé avec eux leurs châtaignes, j'ai entendu parler de leurs chagrins et de leurs peines. ainsi que leurs joies, et croyez-moi, le cœur humain est le même en France comme partout, et si vous classiez les saints dont l'histoire nous est parvenue, la France occuperait le premier rang . un Lacodaire , un Pascal, un Fénelon et une Madame Guyon, ne manque pas de germes de vie spirituelle.

[1] *La Revue des Églises* , février 1894.

Mais en 1896, sa carrière en France prend fin. Elle reçut l'ordre d'aller se consacrer au travail de l'armée en Hollande, et se prépara loyalement à obéir.

Catholiques et protestants furent consternés par cette nouvelle. Un de ses plus chers amis, le savant catholique M. Lassaire , dont l'exquise traduction des quatre Évangiles eut l' honneur d'être inscrite à l'Index Expurgatorius, vint vers elle et lui dit :

"Vous ne devriez pas nous quitter. Dieu vous a donné l'oreille de la nation comme elle n'en est donnée qu'une fois tous les cent ans."

"Mais je suis commandé."

"Si l'ange Gabriel est descendu du ciel et vous a dit de partir, vous ne devriez pas quitter la France !"

Théodore Monod, dont la propre famille avait été grandement bénie par la Maréchale , sympathisait profondément avec elle et pleurait son départ presque comme si elle eût été sa propre fille, mais essayait de la réconforter en lui disant : « Laissez-nous vos hymnes !

Le jour où la Maréchale quitta la France fut l'un des deux ou trois jours sombres de sa vie. Elle se sentait un peu comme la jeune reine d'Écosse qui disait en regardant les rivages reculés de Calais :

"Adieu! mon charmant pays de France,

Adieu! te lâcher c'est mourir ."

Et pourtant, elle croyait dans son cœur que Dieu réaliserait son dessein gracieux, qu'aucune circonstance ne pourra jamais altérer.

Qu'elle ait aimé la France d'un amour profond, pur et passionné, cela n'a pas besoin d'être dit. La façon dont la France l'appréciait en retour peut être indiquée non seulement par la formule emphatique de M. Sarcey : « Au diable le pays où elle est née ! elle est française dans son âme », mais par n'importe quelle lettre prise au hasard parmi des centaines qu'elle a reçue de hommes et femmes de France.

L'extrait suivant, fidèlement traduit, montre la qualité des gens que la Maréchale a su atteindre, ainsi que le style chaleureux et généreux dans lequel les races latines s'expriment habituellement.

« Le soir où vous avez parlé de la scène du Calvaire et des paroles du voleur pénitent : « Souviens-toi de moi », cette simple histoire, racontée par une âme croyante, a eu plus d'effet sur moi que toutes les thèses, citations et arguments théologiques de tous les médecins que j'ai entendus. Cette expression, cette attitude, cette conviction, cette certitude, cette assurance, cette *foi vivante* qui s'affirmait devant moi en un apôtre, un nouveau disciple du Christ, et cette voix mélodieuse, achevèrent ma transformation. J'ai cru que j'étais le voleur pénitent et toi le Christ qui m'a dit : "Quand je serai au Ciel , je me souviendrai de toi", et cette affirmation m'a transporté....

"Je m'émerveille du courage avec lequel vous supportez les fatigues, les moqueries, les voyages, les travaux de toutes sortes pour conquérir pour la vérité et la lumière les millions de *sauvages* qui sont encore en France, plongés dans les ténèbres de l'erreur et de la superstition. Permettez-moi de vous exprimer une fois encore ma sincère admiration, et de vous offrir au nom de mon pays (je suis peut-être un peu présomptueux de parler au nom de la France, mais j'en ai le droit, autant que les dix autres millions de citoyens) - au nom de mon pays, et au nom de la civilisation , ma chaleureuse gratitude. Daignez accepter l'hommage... d'un très humble soldat et disciple du Christ."

L'amour des Suisses aussi était désormais profond et fort, comme le prouvera suffisamment une seule lettre accompagnée d'un remerciement .

" Chère Maréchale — (Combien ce mot contient d'affection, d'admiration et de vénération, je ne puis l'exprimer), — Ces mille francs remplissent leur fin là où ils vous font le plus de bien et vous procurent le plus grand plaisir. Vous pensez toujours à vous en dernier, si tu penses à toi, c'est pourquoi il faut que d'autres pensent à toi. J'aurais aimé te soulager, chère Maréchale , toi particulièrement et personnellement. Mais tu es dévorée par le zèle de ton œuvre divine, et tout va ainsi. " Qu'il en soit ainsi ! Dieu vous soulagera directement par sa main. Il le fera, mais ne vous oubliez pas entièrement, je vous en supplie. Prenez soin de vous, pour le bien de ceux qui vous aiment, et qui ont besoin de votre aide, et qui trouvez tant de bonheur dans votre affection céleste.... Dans l'amour du Christ, votre dévoué, AS"

A la fin de cette année-là, la Maréchale avait besoin de paroles de bonne humeur, et elles n'en manquèrent pas. Sa sœur Eva était l'une de ses consolatrices, envoyant de nombreux messages tendres outre-Atlantique. Juste après le jour de Noël – le jour de l'anniversaire d'Eva – elle a écrit : « Je ne peux pas dire à quel point tu as été dans mes pensées. J'aurais aimé pouvoir venir et avoir le baiser d'anniversaire d'une sœur et une bonne conversation, mais le Seigneur est venu très près de moi. moi, et j'ai été heureux que son anniversaire me trouve très occupé le mien à chercher les pauvres âmes perdues des hommes. Les années passent, mais alors qu'importe ? Chaque jour nous rapproche de notre demeure éternelle, n'est-ce pas, et alors nous vivrons et aimons ensemble pour toujours et à jamais, nous tous. Chère, chérie Katie, je n'aime pas t'entendre dire que l'année a été triste. Tu es chérie par nous tous, par Dieu et par le monde, et combien vous avez fait aussi pour le Royaume.... Il y a de bons souvenirs que je chéris qui ont à voir avec vous et moi, quand je vous ai fait rire et vous ai donné des pommes de terre au four ! Je vous écrirai encore bientôt. Jusque-là et pour toujours après toujours pareil, Eva."

Les commissaires ED et Lucy Booth- Hellberg — la plus jeune fille du général — qui prirent le commandement de l'armée en France et en Suisse, écrivirent dans leur premier rapport annuel (1896) : « L'un des derniers maillons de la longue chaîne d'efforts désespérés pour Le salut de la France, proposé avec un amour et une foi intacts par la Maréchale , fut la campagne de Lyon, qui dura six semaines durant les mois de janvier et février. Soutenue par un certain nombre d'officiers croyants et travailleurs, elle mena une série de " de réunions vraiment remarquables dans la *Salle Philharmonique* , qui était à chaque fois remplie d'un public attentif et largement sympathique. Les résultats de la campagne furent des plus encourageants et d'un caractère résolument permanent. Le corps local, qui avait jusqu'alors mené une action très en difficulté, a reçu un puissant coup de pouce et est maintenant en bonne santé. En outre, une quantité considérable de préjugés contre notre travail a été éliminée et un certain nombre d'amis et de sympathisants se sont fait, ce qui a eu pour résultat immédiat la création d'un foyer de sauvetage pour les femmes. dans cette ville. » Plus tard , Lucie écrivit à la Maréchale : « Chérie, ton amour pour la France est merveilleux ; tu ne peux pas le comprendre.

Si la Maréchale avait été envoyée dans une autre race latine, par exemple chez les Italiens ou les Espagnols, ses dons auraient pu encore être utilisés au plus grand avantage. Elle mena un jour une brève campagne dans une grande salle de Turin. Au début, elle se heurta à une tempête d'opposition. Tandis qu'elle consacrait l'enfant d'un de ses anciens officiers, sa voix fut noyée dans un tumulte qui transforma l'office solennel en fiasco. Le public est devenu complètement incontrôlable et, comme dernier coup de diable, une troupe d'étudiants, dirigée par un grand gaillard au visage méchant et cynique, est arrivée dans l'allée en criant, en hurlant et en brandissant des bâtons. Le meneur avait parié qu'il embrasserait la Maréchale . Ses officiers ont commencé à penser qu'il était grand temps de clore la réunion. Mais elle n'était pas au bout de ses ressources. Lui donnant un ordre familier : « Laissez-les-moi et priez ! elle s'avança jusqu'au bord de la plate-forme et, lorsque le chef fut à un pied d'elle, fixa ses yeux sur son visage, leva le doigt et chanta :

Si tu je savais comme Il t'aime ,

Sans tarder tu viendrais à Lui,

Tu viendrais à l'heure même ,

Tu viendrais dès aujourd'hui .

[2] Cet hymne a été composé par un de ses officiers, M. Grandjean . L'air était l'un des plus doux airs d'opéra de l'époque.

Les notes claires et douces vibraient dans la grande salle, et l'Italie connaît le pouvoir de la chanson. Le meneur restait là, les yeux fixés comme s'il avait été pétrifié, et ses partisans n'avancèrent pas d'un pas supplémentaire. Pendant que la Maréchale chantait, on l'entendait dans un silence haletant. Puis elle a parlé pendant une heure. L'après-réunion a duré jusqu'à minuit, et le chef des étudiants, complètement brisé et sanglotant comme un enfant, a dit : "Oh, reste avec nous, vous ferez de nous tous des anges !"

En Hollande, où la Maréchale Après avoir travaillé six ans, elle était lourdement handicapée par le fait que la plupart de ses interventions devaient se faire par l'intermédiaire d'un interprète. Elle n'avait pas ce sésame ouvert au cœur d'un peuple : la maîtrise de sa langue. Elle apprit cependant à chanter magnifiquement en néerlandais et la traduction de ses discours fut admirablement réalisée par sa secrétaire. Si elle ne pouvait nier que son cœur était toujours dans la rue Auber de Paris, elle réprima ses larmes et prit résolument en main sa nouvelle tâche, très embrouillée, en accomplissant un travail spirituel profond et durable à Amsterdam et dans d'autres villes, où elle avait parfois jusqu'à quarante ou cinquante pénitents dans une nuit.

Elle manquait de ce qu'un homme d'État appelait « la grâce batave », étant moulée dans un moule très différent , mais elle ne tarda pas à se sentir tout à fait à l'aise parmi le peuple hollandais chaleureux. Elle avait appris à Paris à chanter son hymne " *Aimez toujours , et malgrez tout aimer toujours* ", et maintenant elle mettait la leçon en pratique en Hollande. Prêchant et vivant l'évangile de l'amour, elle avait de nombreux témoignages de réussite parmi toutes les classes. Mieux encore, elle éveillait chez les autres le désir mélancolique d'imiter son exemple. Les ministres de la reine Wilhelmine ont amené sa fille, une jeune fille réfléchie, à une réunion dirigée par la Maréchale , et lorsque ceux qui étaient prêts à se donner au Christ et à son service ont été invités à le montrer d'une manière ou d'une autre, la main de cette personne s'est levée. fille enthousiaste. Son père l'a immédiatement chassée de la réunion. Mais l'acte a été accompli, et maintenant il n'y a personne qui fait un travail plus noble parmi les classes pauvres et submergées de Hollande que Miss Rose Pierson. De ce jour heureux dans sa vie , elle écrivit longtemps après : « Quand j'entendis pour la première fois parler la Maréchale , j'étais une fille de dix-sept ans. Je me souviens encore de chaque mot qu'elle a prononcé. Je sais que cela a été pour moi une révélation de la réalité que Christ pouvait être pour une âme. Je crois que c'est ce qui m'a impressionné : sa parfaite assurance de la présence du Christ et son propre amour ardent des âmes.

La Hollande donna à la Maréchale deux de ses secrétaires les plus efficaces, Miss Van der Werken et Miss de Zwaan, qui remplissaient idéalement toutes les exigences de la fonction : capacité et volonté d'allaiter un bébé, de préparer une tasse de thé, d'écrire une lettre, de cuisiner un repas. dîner convenable, parler deux ou trois langues, tenir la porte d'une salle, prêcher un sermon, et en général profiter de tout !

Il est possible que l' exil de la Maréchale hors de France ait approfondi et enrichi sa nature, en faisant ressortir des arrêts peu utilisés auparavant, en particulier la *vox humana* - la voix de sympathie pour toute la douleur et le chagrin humains. En même temps , elle commença à avoir un sens plus tragique du péché du monde, ce qui provoqua l'une de ses impulsions les plus étranges et pourtant les plus caractéristiques, et déboucha sur ce qui fut, à certains égards, la plus remarquable de toutes ses campagnes.

Un minuit, alors qu'elle dormait éveillée à Amsterdam, elle entendit une voix intérieure claire qui lui disait : « Va à Bruxelles ; va avec des sacs et de la cendre ; va et raconte le péché ; que tout dans ta personne parle du péché et réveille la conscience ; alors proclamez : Voici l'Agneau de Dieu, qui enlève le péché du monde. »

Sans attendre de prendre conseil en chair et en os, elle se rendit avec son infirmière-secrétaire Swaan et sa petite Frida, l'enfant de la paix, à Bruxelles, et loua pour trois semaines la plus belle salle de la ville, la Salle de la Grande Harmonique. — le même dans lequel dansaient les belles femmes et les hommes courageux la veille de Waterloo.

Lorsqu'elle révéla enfin à un de ses camarades qu'elle devait paraître vêtue de sacs et de cendres, il répondit :

"Vous ne pouvez pas ! jamais !"

"Je le dois, c'est ainsi ordonné."

On lui fit donc une *robe de bure , un vêtement à couture unique, en étoffe brune grossière portée par les moines, avec un trou découpé pour le cou et deux pour les bras, et une corde de chanvre pour la taille.*

Avant la réunion d'ouverture, elle avait des relations intimes avec ses officiers. " Il faut, dit-elle, qu'on meure pour le peuple. Je veux mettre en contact cette ville inconsidérée et frivole avec Dieu. Je souhaite que vos visages parlent d'un autre monde. Ce sont vos esprits et vos cœurs que je recherche. " Si vous voulez penser à votre peuple et à vos propres soucis, si vous voulez vous préoccuper de cent et une choses, revenez en arrière tout de suite. Je vais vivre ces trois semaines comme si c'était les dernières. terre. J'ai quitté la maison et les petits et je vais exister pour cette ville. Si le Christ a donné sa vie pour nous, nous devons donner notre vie pour le salut de Bruxelles. Il y eut des interrogations , des aveux et des larmes parmi les officiers ; de nouvelles alliances furent conclues avec Dieu ; et la Maréchale crut que c'était là un des secrets du merveilleux succès de cette campagne.

Le soir de la première rencontre, elle s'habilla de la *robe de bure* et mit de vraies cendres sur sa tête. Mais si jamais le diable en personne attaquait une pauvre âme, la Maréchale se sentait si attaquée dans ces moments où la grande salle se remplissait et où elle attendait. Quels traits de ridicule lui ont été lancés comme par un ennemi spirituel ! Y a-t-il un vêtement plus ridicule, un réalisme plus méprisable ? Comme c'était comique cette assomption du rôle de prophète ! Quel misérable fiasco toute cette représentation serait ! Elle fut prise d'une peur paralysante , et quand Antomarchi — son « Saint François » — vint annoncer que l'audience était prête, il la trouva blanche comme un drap et tremblante de la tête aux pieds.

"Ai-je fait une erreur ?" elle a demandé.

"Non ! Maréchale , continue ! continue ! tout va bien !"

"Dites-leur de chanter et de prier, et ensuite je viendrai."

Son âme puisait sa force dans les accents de son propre hymne : « *Ô toi ! bien-aimé ». fils de l'homme* ", avec le chœur:

Viens , Jésus t'appelle ;

Ne sois plus rebelle .

Viens au bien- aimé Fils de Dieu,

Croisé fr sa tendresse éternelle —

ainsi que du silence qui suivit dans lequel elle savait que des cœurs fidèles priaient pour elle. Les nuages ont disparu, la peur des hommes a disparu et seule la crainte du monde invisible est restée dans son esprit.

Lentement, elle marcha sur la plate-forme, sans lever les yeux du sol. Le public semblait pétrifié par cette étrange apparition. Après un moment de silence de mort, sa voix claire et pénétrante résonna dans la salle.

"'Il était méprisé et rejeté des hommes, un homme de douleur et habitué au chagrin... et nous ne l'avons pas estimé. *Nous n'en je n'ai fait aucun cas* .'

" Si je porte le deuil ce soir, c'est pour mieux exprimer les sentiments qui sont au fond de mon cœur. Votre peuple, capable de grandes choses, va à sa ruine. De toutes parts ce sont des misères sans nom, cris désespérés de femmes et d'enfants sans défense et exposés à la honte et à la misère la plus effroyable, et pourquoi ? Parce que vous l'avez fait pour ne rien dire, le Christ. Je pleure vos péchés, les péchés de votre pays ; l'ivresse, la débauche, l'égoïsme, les torts que l'on voit partout ; votre rejet du Christ de Dieu, le Sauveur du monde. Cela me remplit de tristesse, et cela, à moins qu'il ne soit abandonné, attirera sur vous les jugements de Dieu.

ainsi son âme et commença ainsi une campagne non de trois semaines mais de deux mois, qui dès le premier instant, contrastant si étrangement avec les ouvertures tumultueuses du Havre et de Rouen, fut marquée par une belle révérence et une belle solennité. Les services de la police n'ont jamais été requis pendant tout ce temps. Quatre ou cinq réunions en soirée avaient lieu chaque semaine, en plus des réunions de l'après-midi, des réunions *de salon* et des dîners de minuit. Tout Bruxelles était ému. Un éminent homme d'État disait à la Maréchale : « Ici, tout le monde a été ridiculisé sauf vous. Le ridicule tue tout ; vous avez tué le ridicule.

En pleine mission, elle écrit à son père : "Dieu est à l'œuvre de façon plus merveilleuse ici à Bruxelles. Hier soir, j'ai eu une salle de concert bondée et un grand nombre ont été refoulés à la porte. Le silence, l'attention est intacte." , et il y a une conviction parmi toutes sortes de personnes. Les journaux mondains et catholiques parlent magnifiquement de nous. Quatre journaux m'ont donné des articles de premier plan. Louez Dieu, tout est son œuvre ! Ce matin, j'ai eu une conversation avec un sénateur qui est à le chef du parti du progrès ici, et il dit que le mouvement est le plus remarquable « que la ville ait connu depuis cent ans et que les effets sont profonds et étonnants. » Un autre sénateur m'a envoyé 20 £. "Je dois continuer et pousser le combat. Nous pourrons faire quelque chose d'extraordinaire et mettre la Belgique sur de nouvelles bases."

Le premier sénateur dont il est question dans la lettre fut M. le Jeune , qui dit à la Maréchale :

"Le bar, le monde des artistes, la société, les catholiques et les protestants, ils sont tous venus vous entendre. Vous êtes universelle, Madame."

"Oui", répondit-elle, "le Christ est universel".

Durant ces deux mois, elle eut des entretiens quotidiens avec des hommes et des femmes écrasés sous le fardeau de toutes sortes de péchés, un fardeau qui pesait si lourd sur son propre esprit que parfois, au lieu de prononcer un discours, elle ne pouvait que tomber à genoux et pleurer. à Dieu pour pardonner tous les péchés qui viennent du cœur de l'homme – meurtres, adultères, vols, impuretés, mensonges, blasphèmes – qui lui avaient tous été confessés.

Ce fut une période de merveilleuse bénédiction spirituelle pour tous ses camarades qui, comme elle, littéralement « vivaient pour le peuple ». L'un d'eux a déclaré : « Nous avons autant grandi avec vous au cours de ces semaines qu'en vingt ans. »

Devant un millier d'hommes de l' *élite* bruxelloise, elle prononça un discours — qui fut ensuite publié — sur « La plus grande injustice du siècle ». C'était la protestation triste, tendre et passionnée d'une femme contre les péchés de l'homme dans une ville qui avait ses douze mille soi-disant *filles de joie* , dont beaucoup appartenaient aux années les plus tendres. Un des spectateurs , un bruxellois typique du monde, se couvrant le visage d'une main sur laquelle brillait une bague en diamant et tremblant de grands sanglots d'angoisse, s'écria : « Je suis un lépreux, déjà damné ! « Madame, dit un rédacteur, ils siffleraient quiconque leur dirait ces choses. Ils les supportent de vous, parce qu'ils sentent que vous les aimez.

Un jour, elle reçut une invitation à dîner avec une douzaine d'anarchistes. Ses camarades lui parlèrent du danger des bombes, etc., mais elle y alla et, plusieurs années plus tard, lorsqu'un divin anglais lui demanda : « Comment êtes-vous entrée dans une telle société ? elle a répondu : « Les extrêmes se rencontrent. »

"Alors tu es venu nous parler", dit Elisée Reclus[3] avec le sourire, « de justification par la foi et de sanctification par la foi », etc.

[3] Exilé de France comme anarchiste, il était devenu professeur à Bruxelles. Il avait été formé comme pasteur protestant. Il fut le plus grand géographe des temps modernes, l'auteur d' *Une nouvelle géographie universelle* (19 vol.).

" Oh non, non ! Je ne parle pas de doctrines. Elles ne m'ont jamais troublé de ma vie. Je ne me soucie que des réalités. Vous avez souffert ; moi aussi j'ai souffert. Commençons par là et comparons nos notes. Certains d'entre vous ont " J'ai été en prison ; j'ai été en prison. Vous avez été exilé ; moi aussi . Vous avez pleuré sur l'injustice et les cruautés du monde ; j'ai pleuré aussi , j'ai pleuré aussi. "

Et c'est ainsi qu'ils trouvèrent un terrain d'entente, s'accordant dans leur diagnostic des maladies de la société ; ne diffèrent que quant au remède. "Vous croyez à l'anarchie", dit la Maréchale . " L'un d'entre vous a déclaré lors d'une de mes réunions que l'anarchie est la plus belle de toutes les religions. Je connais un moyen plus efficace, un raccourci pour rendre le monde meilleur. Vous lancez vos bombes pour détruire la vie ; comment les gens peuvent-ils se convertir ? " quand leurs têtes auront disparu ? Le Christ a dit : « Suivez-moi au Calvaire ! Il a versé son *propre* sang. Celui de personne d'autre . Il nous ordonne de sauver le monde en renonçant à nous-mêmes et en prenant la Croix.

Ce soir-là, Elisée Recluse la conduisit dans sa voiture à son rendez-vous à la *salle Harmonie* , et dans sa petite antichambre ils prièrent ensemble.

Un sculpteur bruxellois supplie la Maréchale de poser pour lui en *robe de bure* , mais elle refuse. Renée Gange , l'héroïne des socialistes belges, après l'avoir embrassée avec passion sous mille regards, a publié un charmant portrait à la plume de « cette femme énigmatique », la comparant à une statue sereine, calme et *presque* souriante. "La silhouette fine et élancée de la Maréchale restera longtemps une des apparitions les plus curieuses, les plus étranges au milieu de notre société des faiseurs d'argent et des constructeurs de machines."

Le prophète, le mystique, le saint seront toujours un mystère pour l'art et la science, sans parler du péché et de l'égoïsme du monde. Cette vérité a été finement exprimée par un écrivain dans *L'Art moderne* de Bruxelles. "La Maréchale ne cherche pas à "démontrer" quoi que ce soit. Je l'ai vue hausser un peu les épaules et sourire quand on voulait la raisonner ou discuter avec elle. Elle le pouvait, car elle est intelligente et *merveilleusement intuitive* . Mais sa foi ne se "montre". Elle vit et s'épanouit. Elle s'affirme. Et ceux qui, désormais nombreux, ont quelque tact psychologique ont senti que cette femme obéissait à quelque chose de plus puissant qu'elle. Peut-être est-elle l'instrument heureux et inconscient d'un force expansive trop ignorée, trop peu reconnue et obéie, aussi nécessaire à notre préservation que la loi de l'auto-conservation elle-même... Ses discours ne sont ni pesés ni équilibrés. Mais ils ont la couleur , la vie, la forte suggestivité, l'émouvante sincérité d'une inspiration venue on ne sait où , d'au-dessus de nous, du dehors de nous — élans mystérieux des choses éternelles.

CHAPITRE XIV

ÊTRE FIDÈLE À TOI-MÊME

En 1902, la Maréchale et son mari rompent leurs liens avec l'Armée du Salut. Concernant les causes qui ont conduit à cela, leur souhait commun est que rien ne soit dit qui puisse interrompre le bon sentiment qui a toujours existé et qui existe encore entre eux et des milliers de leurs anciens et très chers camarades de cette organisation.

Certains ont mal jugé la Maréchale dans cette affaire, comme ayant pris cette mesure pour son avantage personnel, et sans se soucier de ses effets sur son père et son travail. Comme ils connaissent peu la vérité. Pour celui qui a lu la correspondance de cette époque et de toutes les autres époques depuis, qui a observé le cercle restreint de la maison et entendu les conversations les plus confidentielles, rien ne pourrait être une contravention à la vérité aussi choquante que d'accuser cette fille dévouée. soit par mépris parental, soit par insouciance volontaire pour le bien-être du Royaume du Christ. Cette démarche a coûté du sang à la Maréchale .

« Katie, dit le général à la gare Victoria, alors qu'elle entreprenait son deuxième voyage en France, vous avez des instincts remarquables ; suivez-les et vous ne vous tromperez jamais. Vingt ans après, son amie Mlle. Constance Monod, la fille du grand prédicateur français, lui écrit : « Je vous supplie de vous faire confiance, de faire confiance à votre instinct divin, que Dieu a si, si merveilleusement développé en vous ».

L'hérédité, la formation et l'expérience s'étaient combinées pour lui donner l'instinct d'une gagneuse d'âmes prophétique. La grâce de Dieu lui avait communiqué un esprit de sagesse et de révélation. Ses intuitions étaient à la fois sa force et sa sécurité. Son amour instinctif du vrai, du beau et du bien, sa haine instinctive du faux, du sordide et de l'égoïste, formèrent la pierre de touche à laquelle elle ramena tout dans la vie morale, sociale et religieuse de la France. Un grand nombre d' *élites* de Paris et d'autres villes, techniquement bien plus instruites qu'elle, venaient s'asseoir à ses pieds, parce qu'elles s'inclinaient devant l'autorité de l'Esprit-Christ en elle. Et ses instincts de sympathie pour les âmes pauvres, malades et souffrantes ont attiré vers le Sauveur des multitudes qui étaient en dehors de l'Église .

Elle a toujours soutenu qu'elle accomplissait sa mission comme une simple Anglaise, faisant seulement ce que n'importe quelle autre fille, avec les mêmes opportunités et la même foi, aurait pu faire. Il y a une puissance divine dans les instincts de pureté et de droiture d'une femme qui fait honte à la bassesse des hommes. Beaucoup pensent que ce pouvoir sera le facteur principal du salut de l'Église et de la société modernes. Notre époque a besoin de

Déborahs et de Huldahs avec leurs instincts divins. Le Cantique des Cantiques raconte comment une simple jeune fille hébraïque, tentée par la gloire du monde, mais forte dans sa passion du saint amour, méritait la merveilleuse attribution : « Belle comme la lune, claire comme le soleil, *terrible comme une armée avec des bannières.* ". Si la féminité chrétienne du XXe siècle s'élève à ce niveau, l'avenir du Royaume de Dieu sera bien plus glorieux que son passé.

L' instinct de la Maréchale pour le beau dans la nature et dans l'art ne constituait sans doute pas une petite partie de son charme pour les races latines. Elle regardait toute la gloire du ciel et de la terre avec des yeux de poète. Au début de sa vie d'évangélisation en Angleterre, son père l'emmena un jour faire un tour à travers les Trossachs d'Écosse, et le souvenir de cette vision de la beauté à l'âge de seize ans la hanta toujours comme une passion. "Laisse-moi rester ici !" dit-elle au général, dont la réponse, appelant un soldat aux armes, resta également dans sa mémoire : « Les hommes sont plus intéressants que le paysage. Si elle ne prenait presque jamais de vacances dans l'au-delà, ce n'était pas qu'elle ne soupirait parfois après les ailes d'une colombe pour s'envoler et se reposer. Il y a eu en elle un conflit permanent entre le naturel et l'ascète.

Elle n'avait jamais eu le temps de cultiver un art autre que la musique, mais son sens de tout ce qui était beau dans les formes, les couleurs et les sons était exquis, et elle devint sans étude une artiste suprême dans au moins un domaine. Au moment du couronnement de la reine Wilhelmine de Hollande, a eu lieu une grande exposition de tout ce que les femmes peuvent faire dans le monde moderne. Une députation attendait la Maréchale et la priait de donner une adresse avec deux autres oratrices connues. Elle accepta de venir, à condition qu'on lui laisse le choix de son sujet. Le consentement fut facilement donné et elle prononça un discours en français sur ce que le Christ a fait pour la Femme et ce que la Femme pour le Christ. Elle ne se souciait pas du mode d'accouchement ; elle comprit simplement qu'elle avait une occasion en or de proclamer son Sauveur devant un public magnifique. Elle n'avait jamais reçu de sa vie de leçon d'élocution, et cela aurait pu lui paraître une méchante rétrogradation. Mais elle a reçu la palme de l'éloquence.

Si son éducation scolaire était quelque peu défectueuse, elle fut merveilleusement guidée par son instinct dans son auto-éducation ultérieure. Au cours de sa tournée américaine, trois professeurs aux cheveux blancs l'emmènent un jour visiter la plus grande bibliothèque des États-Unis. Son esprit peu sophistiqué était déconcerté par toute cette masse de connaissances. « Sûrement, dit-elle, cela doit semer le désespoir dans l'esprit des étudiants !

L'un de ses guides l'a interrogée sur ses livres préférés .

"Eh bien," répondit-elle, "je n'ai jamais été une lectrice ; je crois que je n'en ai que deux."

« Que pourraient-ils être ?

"L'un d'eux, tu sais."

"Oui, la Bible ; quelle est la seconde ?"

"Le Cœur de l'Homme. J'y suis toujours, sur terre et sur mer, dans les rues et dans les wagons, matin, midi et soir. Cela m'aide mieux dans mon premier livre que n'importe quel commentaire."

Elle a appris à connaître la Bible avec une profondeur qu'aucun homme sur dix mille n'atteint jamais. Son instinct spirituel saisit, et sa mémoire extraordinaire retient le vital et l'essentiel. Elle n'a jamais étudié la Bible de la manière habituelle, en s'asseyant avec le lexique et la concordance. Il n'y avait pas de temps pour cela dans sa vie bien remplie. Elle tirait sa nourriture spirituelle de la Bible comme l'abeille sirote le miel des fleurs. La Bible était sa compagne et elle la lisait pour le plaisir. Elle l'a absorbé et assimilé sans effort. Qu'elle en sache une grande partie par cœur importait moins que le fait que cela devienne une partie d'elle-même. C'est là que réside son pouvoir de l'exposer et de l'appliquer. "Rien", a déclaré le Dr Munroe Gibson après l'avoir écoutée tous les soirs pendant une semaine, "a plus charmé notre peuple que ses exposés des Écritures".

Les vérités selon lesquelles elle vivait lui venaient intuitivement. Sa religion ne consistait pas en commandements ni en dogmes. C'était la vie, la lumière, la liberté et surtout l'amour. Aussi bien dans ce qu'elle acceptait que dans ce qu'elle rejetait, elle a agi instinctivement : elle ne pouvait pas faire autrement. Elle avait une aversion pour les controverses religieuses. Les arguments n'avaient que peu ou pas d'impression dans son esprit. Elle pouvait parfois être submergée par des doctrines théologiques dont elle ne pouvait ni affirmer ni nier la vérité, mais elle finissait par faire la remarque naïve : « Je suis une enfant très simple et je dois avoir une religion d'enfant ». Elle a toujours soutenu que la religion du Christ est pour la multitude et que la multitude est composée d'enfants. L'essence du christianisme peut être assimilée par les garçons et les filles qui ne savent ni lire ni écrire, et ils peuvent devenir des saints et des sauveurs . Un coup d'œil à la Bible, très utilisée, de la Maréchale suffit à prouver que pour elle le cœur de l'Ancien Testament est dans Osée, le prophète de l'amour, et Isaïe, le prophète de l'expiation, tandis que le cœur du Nouveau Testament est dans l'histoire de la le retour du prodigue ou de la Madeleine pénitente.

Le génie n'est jamais facile à comprendre. Sa faiblesse est souvent liée à sa force. Il a ce que les Français appellent les défauts de ses qualités. Une grande partie de la puissance de la Maréchale résidait certainement dans son humilité enfantine. En tant que gagneuse d'âmes, elle n'a jamais donné l'impression de condescendance. Elle n'avait pas besoin de se baisser ; par nature et par grâce, elle était douce et humble de cœur. Ce qui attirait vers elle des multitudes de pauvres pécheurs, c'était leur assurance qu'elle entendrait avec une sympathie humaine leurs histoires de péché et de chagrin. Lors d'un de ses dîners de minuit, une dame française lui dit : « J'ai passé toutes ces années à essayer de rassembler ces pauvres filles. Comment se fait-il que vous réussissiez là où j'échoue, à les amener à vous ouvrir leur cœur ?

« Peut-être, dit la Maréchale , c'est parce que je ne leur fais pas sentir qu'il y a une différence entre eux et moi.

À son humilité était liée une certaine mesure de méfiance envers elle-même. En elle, comme chez son père, auquel elle ressemblait si fortement par l'esprit comme par les traits, il y avait un extraordinaire mélange de confiance et de défiance. Ceux qui connaissaient le plus intimement le général disaient que, même s'il commandait une armée, il s'excusait auprès de son cuisinier. Et si la Maréchale avait un courage moral splendide, comme le prouvait abondamment sa manière de traiter les foules hostiles, elle avait aussi une timidité féminine dans laquelle se cachait un certain danger subtil. Tant qu'elle avait foi en ses instincts donnés par Dieu et en la direction individuelle du Saint-Esprit, elle était invincible, mais si quelque chose les minait, son pouvoir était pour le moment paralysé . Les critiques du monde ne l'intéressaient pas ou peu, mais le véritable amour et la compréhension de ses camarades étaient pour elle comme un souffle de vie. D'eux, elle était toujours désireuse d'apprendre, et parfois elle laissait le jugement des autres obscurcir ses intuitions spirituelles et féminines.

Elle s'asseyait aux pieds de tel ou tel professeur qui parlait avec sagesse et autorité, alors que dans neuf cas sur dix, le rapport du maître et de l'enseigné aurait dû être inversé. En règle générale, ses instincts faisaient d'elle une discerneuse rapide et infaillible des esprits, mais il y avait des cas exceptionnels dans lesquels il semblait presque déloyal de « tester les esprits pour savoir s'ils sont de Dieu ». L'un de ses amis de toujours, MWT Stead, qui a coulé sur le malheureux *Titanic* , connaissait les deux côtés de son caractère : son audace de lion ainsi que sa douceur de colombe. Il avait l'habitude de raconter comment elle avait un jour envahi les bureaux de la *Pall Mall Gazette* et l'avait convoqué avec toute l'impériosité catégorique de sa nature et de sa mission de quitter la politique et d'éditer le *War Cry* . Pourtant il lui disait, avec un sérieux pas tout à fait assumé : « Tu es damnée par ton humilité !

Il est bien connu que le mari de la Maréchale crut un temps au Dr Dowie , l'Écossais qui fonda Zion City à côté de Chicago. Constatant que certaines doctrines telles que la guérison par la foi, le second avènement, l'enlèvement des saints, qui étaient pour lui, comme pour des milliers d'autres, d'une importance vitale, étaient fidèlement prêchées par celui qui prétendait être le deuxième Élie, le Précurseur du Christ, M. Booth- Clibborn est devenu membre de l'Église catholique chrétienne. Ayant été ministre quaker avant ses vingt années de bons et loyaux services dans l'Armée du Salut, il nourrissait également l'espoir de perfectionner le sionisme en y ajoutant ses propres principes de paix.

La Maréchale ne pouvait pas accepter les affirmations du Dr Dowie , mais dans son intense désir d'unité familiale, elle consentit à aller avec son mari voir Zion City, emmenant ses deux filles aînées, Evangeline et Victoria, alors âgées de quatorze et treize ans, et leur bébé. Joséphine, qui n'avait que quatre mois, était avec elle. Ils y restèrent quatre mois, de juillet à octobre 1902.

Le journal et les lettres qu'elle a écrits au cours de cette visite sont psychologiquement et spirituellement parmi les documents humains les plus intéressants que j'ai jamais vu, et indiquent suffisamment son attitude d'esprit à cette époque. Mais tirons un voile, à quelques incidents et extraits près, sur les sombres angoisses de l'âme, les tourments de l'incertitude et les profondeurs du désespoir par lesquels elle traversa alors.

Elle a imploré le Dr Dowie de prendre son mari et de l'ordonner sans elle, mais il a catégoriquement refusé de le faire.

Le paragraphe suivant, tiré de son journal, montre dans quelle pénible situation elle se trouvait. Parlant d'un conseiller amical, elle dit : "Il a dit que, comme j'étais l'épouse, la responsabilité incombait à mon mari, et je devais le soutenir, même s'il se trompait, et Dieu me pardonnerait si c'était une erreur. ". J'ai été tellement surpris par la façon dont il abordait la question que j'ai tourné la clé de mon cœur.

A l'une de ses plus chères amies , elle écrivit une longue lettre qui était un cri venu des profondeurs : « Je ne me laisse pas facilement décourager ou désespérer, mais ma situation doit faire pleurer les anges, s'ils peuvent pleurer. Je ne peux me résoudre à Acceptez Dowie , tant de choses en lui violent mes instincts spirituels les plus élevés... Me forcer extérieurement ne me convainc pas. J'ai cédé tout au long de la ligne, et maintenant me voici... mais je ne suis pas désespéré. " Je l'ai été. Il me semble que Dieu, qui a vu la longue agonie, va lui-même ouvrir la porte. Je ne peux pas aller plus loin dans cette direction.... J'ai peur de tout. Je n'ai jamais été aussi inexprimablement malheureux. dans ma vie, jamais. Oh, tu ne veux pas m'aider ?

Un jour, le prophète attaquait certains évangélistes réputés de l'époque. Bientôt, il commença à fulminer contre l'Armée du Salut et accusa le général de ne pas avoir réprimandé les péchés des riches. La Maréchale se leva d'un bond et, face au prophète, le doigt tendu et l'œil étincelant, image d'une justice outragée, elle s'écria : "C'est un mensonge ! Aucun homme n'a été plus fidèle que mon père à réprimander les riches et il est lâche de le faire." vous d'attaquer un homme qui n'est pas là pour se défendre. Le prophète céda visiblement sous la réprimande cinglante. C'était la première fois qu'on lui résistait en face. Au cours d'une heure de discours tonitruant, il tenta d'effacer l'impression produite sur le vaste public, mais pour une fois, il fut manifestement échec et mat.

Finalement, le Dr Dowie , voyant qu'il ne pouvait pas vaincre l' opposition de la Maréchale et que sa présence involontaire dans la ville était un facteur inquiétant parmi son peuple, lui demanda, ainsi qu'à son mari, de se retirer. M. Booth- Clibborn , dont la sincérité absolue ne peut faire de doute, était profondément déçu de devoir tourner le dos à Sion, qui était devenue pour lui, en tant qu'Armée du Salut à ses débuts, une cause pour laquelle il fallait vivre, et si ça doit être à tomber par terre.

La pression exercée sur la Maréchale avait été si grande qu'à son arrivée en Angleterre, elle était complètement prosternée. Deux vieilles cousines chères de son mari, les demoiselles Susan et Esther Bell, à Eastbourne, l'ont soignée pour la ramener à la vie. Puis vinrent deux années sombres et silencieuses à Bruxelles. La Maréchale chercha un ami et n'en trouva aucun. Le monde entier croyait qu'elle avait « rejoint Sion ». Les journaux français annonçaient qu'elle avait brûlé (*brûlé*) les principes pour lesquels elle s'était autrefois battue. Sa fille Victoria, qui l'accompagnait dans ces années de chagrin solitaire, écrit : « Peu à peu, ses forces l'abandonnèrent. Elle souffrit bêtement, espérant vainement une délivrance. Était-ce la Maréchale qui avait mené son armée au combat et affronté la foule hurlante ? avec un sourire sur son visage ? Son chagrin avait écrasé et sapé son courage que la tempête de la persécution n'a fait qu'accélérer.

Ses enfants étaient confrontés à la famine; une autre terrible maladie, provoquée par les soins du ménage, la mettait à terre ; son esprit était épuisé par la tension torturante des années ; et elle ne pouvait plus tenir. Dans une « foi aveugle, sans conviction », elle fut reçue dans l'Église de Sion. Brisée sur la roue de la vie, trop longtemps tendue sur le support de ce monde dur, elle a accepté, comme Savonarole et Galilée, comme Cranmer et Jeanne d'Arc , un credo étranger, sans que sa raison soit convaincue ni son cœur conquis.

Mais – encore une fois, comme ceux-là – pas pour longtemps. Sa délivrance s'est produite d'une manière surprenante. Peu de temps après son déménagement avec sa famille à Paris, son mari a commencé à souffrir des effets d'une grippe négligée qui s'est installée au genou. Fidèle à ses principes, il refuse de consulter un médecin. Alors qu'il est aux portes de la mort, la Maréchale fait venir un médecin déguisé en ami. Le cas du malade fut d'abord déclaré désespéré, mais trois des meilleurs chirurgiens de Paris furent appelés à la hâte, effectuèrent quatre opérations et lui sauvèrent la vie, le laissant cependant infirme pour le reste de ses jours.

Le licenciement de M. Booth- Clibborn a suivi tout naturellement. Il avait violé les lois les plus strictes de Sion en acceptant l'aide chirurgicale. Deux de ses propres convertis, désormais adeptes du Dr Dowie , ont envahi la chambre du malade et lui ont remis le document fatidique. Quelque temps après, il écrivit : « Dowie était autrefois un homme bon. Le diable aussi. Dowie est tombé à cause du même péché : l'orgueil. Outre une déclaration publiée dans quatre pays, il a récemment rendu le témoignage concluant suivant : « La Maréchale n'aurait jamais eu affaire au Dr Dowie sans moi. Lorsqu'elle s'approchait de lui, c'était à chaque fois à contrecœur. Elle souffrit d'une angoisse, d'une douleur et d'un chagrin indicibles du fait que, dès le début, tous ses instincts, ainsi que la conscience de son véritable intérêt religieux, étaient contraires à la personnalité spirituelle du Dr Dowie , à ses voies, à ses prétentions, à son style de gouvernement. Si, dans une sorte de désespoir, elle y entra avec moi, même si elle y était, elle n'en était pas. On ne l'a jamais recherché, on l'a enduré. Le seul réconfort dans l'endurance était la possibilité de faire un peu de bien. en attendant aux gens qui s'y trouvent, et finalement de m'aider à ouvrir les yeux.

CHAPITRE XV

SURSUM CORDA!

Tous les auditeurs de la Maréchale se souviennent de son regard pénétrant. Personne n'a jamais croisé ses yeux et ne les a vu bouger. Des milliers de personnes ont eu l'impression qu'elle fouillait leur âme à travers tous les déguisements, et son index effilé a souvent fait trembler les plus courageux. "Toute la nuit", a écrit un pécheur reconnu coupable, "j'ai vu son doigt pointé droit vers moi." Et on est sûr que son regard n'a jamais été plus direct, jamais plus inquisiteur, que lorsqu'il était tourné vers l'intérieur. Elle a toujours eu une passion pour voir les choses telles qu'elles sont, en particulier les choses spirituelles.

Nous ne sommes donc pas surpris par ses paroles souvent répétées : « Cette expérience m'a appris la folie de violer l'instinct donné par Dieu et de permettre à l'homme d'obscurcir la lumière intérieure du Saint-Esprit de Dieu. C'était du passé, à bien des égards, il semble que cette personne était morte !"

Attiré par les cordes de l'amour, tenu par des liens trop sacrés pour être rompus, usé par des années de pauvreté et de maladie, et se déplaçant enfin dans une sorte de transe, plus mort que vivant, l'un des serviteurs de Dieu les plus fidèles et les plus courageux tomba aveuglément sur lui jusqu'à ce que elle se retrouva, pour un temps d'agonie, dans une prison spirituelle d'où il semblait impossible d'échapper.

Son plus grand danger résidait dans une sorte de soumission fataliste, qui aurait signifié une déloyauté permanente envers ses propres idéaux et convictions, ainsi que l'abandon de sa vocation. Elle lit les lettres du Père Didon , dont l'acceptation héroïque de son destin l'influence dans le sens du naufrage de son individualité. Et on ne peut comprendre la torture exquise de sa position à moins de se rendre compte que son esprit a souvent été transformé en une arène de conflit entre les exigences apparemment irréconciliables de la vie domestique et de la vie apostolique. Et pourtant, le Père Hyacinthe lui dit un jour à Paris : « Vous êtes la seule femme que j'aie jamais rencontrée qui ait concilié la vocation de mère avec celle d'apôtre. Il convient peut-être de dire ici que les prières du père et de la mère ont été exaucées dans la conversion de leurs dix enfants, qui se sont consacrés de leur plein gré au service du Christ. Quatre fils et trois filles sont déjà engagés dans un travail d'évangélisation actif et ont été utilisés par Dieu pour la conversion de nombreuses âmes.

Pour ramener la Maréchale à la liberté, Dieu s'est servi des voix de la nature, des enfants et des amis.

Elle avait toujours eu l'oreille sensible d'un poète pour entendre les mille voix de louange de la terre et, assise dans un jardin, un matin de printemps, elle écrivait : « Le passé, quel que soit celui qui avait raison ou tort, sera enterré. Que les morts enterrent leurs morts. Laissons-le, et cette belle marée de printemps recommençons. Les crocus et les perce-neige de ce joli jardin disent tous : « Nouvelle vie de résurrection ! »

Les voix de ses propres enfants la rappelèrent au cœur de la vieille bataille spirituelle. « Maintenant, place aux enfants », écrit-elle ; "Ils doivent tous voir une œuvre de salut, et ils sentiront la lueur du feu céleste. Cela les réchauffera et leur dira quelque chose de bien plus que toutes les leçons bibliques du monde." Ses filles aînées, alors âgées de seize et quinze ans, mais avec une sagesse bien au-delà de leur âge, la poussèrent littéralement à la guerre, et si jamais elle ne pouvait y aller, elles enfilaient leur armure et prenaient sa place. " Mère m'écrit, dit Victoria dans son journal, qu'Évangéline a tenu dimanche une belle réunion parce qu'elle-même était trop malade pour y aller. Pauvre mère, il lui est difficile de garder son courage. " Cette chroniqueuse de quinze ans philosophe ainsi sur le sens du chagrin de sa mère. "Tout le monde peut comprendre pourquoi Dieu laisse souffrir les gens du monde, les infidèles, les égocentriques, les indifférents. C'est pour les ramener à Lui à travers les déceptions du monde, d'eux-mêmes et des autres. Mais pourquoi Il permet Son les enfants qui l'aiment, ceux dont le plus grand désir est de le servir - la raison pour laquelle il les laisse souffrir est un mystère. Peut-être est-ce pour les amener à une communion encore plus étroite avec lui, afin qu'ils puissent devenir un avec lui - son corps, âme et esprit, sans réserve.

de la Maréchale contribuent à la ramener à son œuvre prédestinée : gagner les âmes.

Dans un temps de silence épouvantable, où elle ne recevait jamais d'appel et rarement de lettre, elle n'eut le courage de rendre visite à aucun de ses anciens camarades à Paris. Un jour, dans sa grande tristesse, elle voulut s'enfuir chez un ami sympathisant et lui ouvrir son cœur. Au début, elle ne pensait à personne, mais tout à coup elle se souvint d'une humble ouvrière, et, prenant le train pour Paris, elle monta avec lassitude au cinquième étage d'un immeuble de la Villette, s'assit dans la petite chambre de cette femme et éclata. dans un flot de larmes. Son amie essaya de la réconforter et, ne comprenant pas très bien ce chagrin passionné, la fit s'allonger dans son propre lit pendant qu'elle lui préparait un délicieux petit repas français.

Vingt ans auparavant, par une sombre nuit d'hiver, la Maréchale longeait les quais de Seine pour se rendre à son lieu de rendez-vous du quai de Valmy. Elle remarqua une fille qui regardait les eaux sombres et froides, et une voix lui dit qu'elle méditait sur le suicide. Touchant son bras, elle dit :

"Ne regarde pas ces eaux noires et cruelles. Viens avec moi et prends une bonne tasse de café. Tu sembles avoir des ennuis."

La jeune fille, dont le visage était sombre et maussade, la regardait avec méfiance et ne parlait pas. La Maréchale la supplia gentiment de venir entendre une dame chanter.

"Elle chante magnifiquement, et vous trouverez de la lumière, de la chaleur et du confort, et vous prendrez une bonne tasse de café. Venez avec moi."

La jeune fille consentit enfin et vint. Elle entendit la Maréchale elle-même chanter. Elle est restée assise pendant tout le service sans ouvrir les lèvres et avec un air dur sur le visage. A la fin, la Maréchale descendit à côté d'elle, lui demanda si elle avait apprécié la rencontre et lui dit un mot de la bonté de Dieu. A la mention du nom de Dieu, la jeune fille éclata dans un discours passionné.

"Dieu ! Ne me parle pas de Dieu ! Je le déteste. Qu'a-t-il fait pour moi ? Pourquoi a-t-il pris ma mère ? Il ne se soucie pas de moi. S'il l'avait fait, il ne m'aurait pas laissé naître en prison. Qu'ai-je fait pour mériter une vie pareille ? Ce n'est pas ma faute.

Mais tandis que la Maréchale lui parlait et priait avec elle, le cœur de la jeune fille s'adoucit. Elle commença à assister aux réunions et donna bientôt son cœur au Seigneur Jésus. Née en prison, sauvée du suicide dans la Seine, elle devient à son tour la meilleure consolatrice de son sauveur dans une heure de chagrin suprême.

Lorsque la Maréchale eut enfin le cœur de retourner en Angleterre, après une longue absence et un silence, ses pas se dirigèrent vers la maison d'un ami cher et d'une âme sœur dans le sud de Londres. C'est au début de son enfance que Mme Holman de Jerviston fut attirée pour la première fois par la Maréchale . Sa mère, en tant que maire, avait invité Miss Booth, avant le début des travaux en France, à prendre la parole lors d'une réunion dans son salon, et les impressions indélébiles laissées sur un esprit réceptif ce jour-là se sont avérées une source d'inspiration pour une vie de tranquillité. et service dévoué du Christ. Mais la Maréchale était si timide et si abattue qu'elle redoutait l'accueil qui pourrait l'attendre même chez un ami de toujours ! Elle tremblait en se traînant à travers Streatham Common. Elle s'assit sur un siège et, avec sa passion dominante toujours aussi forte, parla de son âme à un mendiant, ressentant une certaine nouvelle parenté avec tous les parias et tous les parias. Lorsqu'elle se présenta devant la porte de son amie, elle eut à peine le courage de sonner, et si on lui avait dit d'aller à la cuisine prendre une tasse de thé avec les domestiques, elle aurait répondu tout simplement : « Oui, j'irai. ". Mais M. Holman lui-même ouvrit la porte, et son accueil chaleureux et l'expression d'une parfaite sympathie balayèrent immédiatement toutes ses craintes. Ses amis lui apportaient des anges. Ils l'ont soignée, ont séché ses larmes et l'ont fait sourire. Leur petite fille, aujourd'hui l'une des chanteuses les plus douces de Londres, lui chantait des chants de Noël tous les matins et réveillait à nouveau « l'oiseau alléluia » dans son propre sein. Et Dieu lui-même faisait pour elle ce que même les meilleurs amis ne pouvaient pas faire : lui donner la vie de résurrection, ranimer son espérance, la baptiser de nouveau de l'Esprit, non de peur, mais de puissance et d'amour, brisant tout ce qu'elle avait. des chaînes et la libérant – libre de la peur piège de l'homme, libre d'obéir à l'appel divin qu'elle avait reçu dès son enfance – l'appel pentecôtiste de la femme à prophétiser pour le Christ, son seul et unique Maître.

Aller Un croc Schwer , et les difficultés que rencontra la Maréchale pour reprendre son travail étaient de quoi faire défaillir les cœurs, sauf les plus vaillants. Si elle avait fait preuve dans le passé d'une bravoure dépassant celle des plus courageux, tout cela ne comptait guère comparé à l'héroïsme qu'on lui demande désormais. Dans le passé, elle avait l'aide de son propre peuple, de ses enfants spirituels et d'une organisation solide. Maintenant, elle était complètement seule, des milliers de personnes dans le monde avaient une conception erronée de la situation dans son ensemble, et beaucoup pensaient même qu'elle avait fait naufrage de sa foi. Sa fille Victoria se démarque pendant cette période solitaire des débuts. Avec un jugement, un discernement et une sympathie remarquablement clairs, elle a encouragé et inspiré sa mère avec son propre espoir enthousiaste et sa foi vive.

Le plus grand service qu'on puisse rendre à la Maréchale était de lui dire de continuer, d'accomplir sa destinée, de croire que Dieu l'utiliserait et la bénirait encore puissamment. Cela pouvait sembler une petite chose de dire : « Prenez bon courage », et pourtant c'était un de ces « petits riens » pour lesquels elle fut ensuite profondément reconnaissante. Je me souviens qu'elle est venue un soir dans mon bureau de Chelsea, déprimée, déconcertée par les mystères insolubles de la vie. Me demandant ce qui allégerait pour elle le fardeau et le poids, j'ai enlevé Browning et j'ai commencé à lire « Rabbi ben Ezra », ce qui était nouveau pour elle. Dès les premiers mots—

Le meilleur est encore à venir,

La dernière de la vie, pour laquelle la première était prévue...

à la magnifique conclusion qui a inspiré *Sursum Corda* l'a enthousiasmée comme un message direct du grand Cœur de Dieu. Elle n'osait différer du poète que sur un point. « Il voit son ciel au-delà », dit-elle ; "Je veux le mien ici-bas pour le salut des âmes."

Dès qu'elle reprit son travail, elle fut récompensée par des panneaux qui se succédaient partout. Des portes lui sont ouvertes, d'abord en Angleterre, puis en Écosse, en Irlande et au Pays de Galles. Elle a apporté le souffle de vie dans de nombreuses églises, a ravivé le zèle de nombreux ouvriers pour Christ et a brisé les chaînes qui liaient des multitudes d'âmes à un passé mauvais.

que jamais auparavant pour lutter contre toutes les formes de mal . Sa mission est devenue de sauver les gens d'eux-mêmes en les convainquant qu'une seule chose vaut la peine d'être faite : vivre comme le Christ en laissant le Christ vivre en eux. Il y a certainement peu d'évangélistes qui ont changé le courant de tant de vies dans notre pays. Les jeunes filles qui s'apprêtaient à passer dans les murs du couvent ont trouvé un moyen plus excellent en recevant le Christ vivant dans leur cœur. Acteurs et chanteurs ont consacré leurs dons au Christ et à son royaume. Les jeunes hommes du monde ont entendu l'appel de Dieu et ont décidé d'entrer dans le ministère ou d'aller sur le terrain de la mission. Le don de la vie de Dieu a révélé à de nombreux regards interrogateurs ses glorieuses possibilités. Des multitudes qui n'avaient aucune foi ont entendu une autre dire qu'elle avait la foi pour eux — une foi qui a d'une manière ou d'une autre dissipé les brumes du doute et de l'erreur et les a amenés à la lumière du soleil de l'amour divin.

En même temps , sa connaissance toujours plus approfondie de ses deux livres, la Bible et le Cœur de l'homme, a fait d'elle une prédicatrice unique auprès des prédicateurs. Une nuit à Keswick, au cours de l'été 1907, un brillant jeune pasteur écossais, membre d'un grand groupe de membres du clergé assistant à la Convention annuelle, rentra tard pour le dîner.

"Excusez-moi", dit-il en s'asseyant, "mais je ne pouvais pas m'arracher à la réunion en plein air sur la place. Je n'ai jamais entendu un tel discours de ma vie. Je restais stupéfait. Le prédicateur était la fille de Général Booth, et je n'aurais jamais cru que la langue anglaise était une arme aussi magnifique jusqu'à ce soir. Sa prédication était extraordinaire.

Le lendemain, par l'intermédiaire du Dr Harry Guinness, qui était son hôte, elle fut invitée à prendre la parole lors de cette fête à la maison. Un autre prédicateur présent a enregistré ses impressions. "Après le thé, nous avons tous rassemblé nos chaises en cercle autour d'elle alors qu'elle ouvrait quelques chapitres sacrés de sa vie. Heure après heure, personne n'a pensé à bouger pour aller aux réunions sous la tente. Nous sommes restés là, fascinés, pendant une longue soirée. ", avec le sentiment que nous n'avions jamais rencontré un être pareil auparavant. C'était la première de nombreuses réunions de ce genre, auxquelles étaient invités autant d'étrangers que le grand salon pouvait en contenir. Quels soirs c'était ! Des dignes des Highlands étaient assis à la regarder avec des yeux ouverts. -une merveille en bouche, retenue par sa sorcellerie, ses récits étranges de la vie réelle, par sa sagesse et son pathétique. Sa voix, riche et douce, tombait parfois sur des cadences rêveuses, et s'élevait parfois jusqu'au clairon d'un vent. Elle ravissait les gens et elle Ses yeux étaient merveilleux. Parfois, ils se posaient sur une personne du public avec un regard doux et attrayant, puis ils brillaient et flamboyaient d'une sainte passion. Ses longs bras avec leurs doigts fins et effilés - comme ils l'aidaient à exprimer son esprit ! Mais c'était le visage qui était le grand représentant, et tandis que les émotions jouaient sur ses propres traits mobiles , elle touchait également les cordes profondes du cœur de chaque ministre. Ce qui nous a le plus frappé, c'est l'accès qu'elle a gagné au cœur des pénitents. L'amour maternel en elle était si profond et réel que nous avions tous l'impression que nous pouvions, nous aussi, lui faire nos sacrées confidences. Un de ses mots préférés venait de saint Augustin : « Aime et fais ce que tu veux », et chacun des hommes en notre compagnie sentait qu'elle en était une illustration vivante. Son langage beau et choisi, simple, frais, parfaitement adapté et utilisé avec une facilité et une maîtrise superbes, était un étonnement constant. Elle n'a jamais tenté de discours ou d'expositions, mais ses conférences, car elle n'utilisait aucun autre nom, étaient de temps en temps serties de textes qui jaillissaient comme un éclair de diamants, enflammés.

Ainsi se révéla-t-elle aux hommes qui savent que le soin de tous les soucis est la « guérison » des âmes — *cura curarum cura animal* . Elle les a avertis que la « vie apostolique », la plus christique de toutes les vocations, est réservée à ceux qui sont disposés à « combler ce qui manque aux souffrances du Christ ». La prière et le jeûne, l'amour et le sacrifice, une véritable ascétisme combiné à un enthousiasme joyeux sont les conditions du succès dans la guerre sans fin contre le mal. Le monde sera toujours un vaste champ de bataille. Mais le Christ vivant donne tellement de sa présence réelle que son service est la liberté et que ses récompenses sont sûres. Aucun souffle de louange humaine ne peut se comparer à la gratitude fervente et permanente que les âmes sauvées des puissances des ténèbres portent à leur libérateur. Depuis que la Maréchale a abandonné la langue française — peut-être seulement pour un temps — et a repris sa langue maternelle, elle a reçu littéralement des milliers de lettres anglaises des deux continents témoignant des bénédictions reçues grâce à son ministère. Je donne ici quelques extraits soigneusement sélectionnés de ces lettres avec quelques mots d'introduction.

Un dimanche matin, alors que la Maréchale s'apprêtait à s'adresser à une grande assemblée, le ministre lui murmura : « Vous voyez ces deux demoiselles en noir, si vous pouvez faire quelque chose avec elles, ce serait un miracle.

Dans une des séances d'après-mission, la Maréchale s'approcha de l'aînée de ces dames et se hasarda à lui parler, mais une réserve intense de sa part rendait la conversation impossible. Un nuage de désespoir total semblait s'être installé sur son esprit. Le regard dans ses yeux révélait un chagrin trop profond pour être décrit.

Voici son histoire :

"Un soir, à midi, je rentrais du travail avec ma mère et ma sœur unique. J'ai trouvé le corps de mon père pendu dans le couloir ! J'étais tellement horrifié que pendant un instant je ne pouvais plus bouger, puis, récupérant mon présence d'esprit, j'ai éteint les lumières et j'ai appelé ma mère et ma sœur vers une autre porte, juste à temps pour qu'elles ne voient pas ce spectacle. *Mais je ne pourrai jamais l'oublier !*

"Puis la santé de ma mère s'est dégradée et pendant quatre ans, je l'ai fidèlement surveillée et soignée.

« Au cours de cette deuxième épreuve douloureuse, j'ai reçu la nouvelle effrayante que mon très cher et unique frère avait eu un grave accident alors qu'il conduisait sa propre automobile. En arrivant à l'hôpital en toute hâte, j'ai été accueilli par les mots : « Trop tard ». Il était parti ! La scène qui a suivi est trop terrible pour que je puisse en parler. Nous l'avons adoré ! Les effets du choc ont précipité la mort de ma mère. Nous lui avons dit au revoir, et oh ! le souvenir me hante encore.

"Après la mort de ma mère, ma sœur et moi avons quitté la maison de la tragédie, brisées par le chagrin et le chagrin. Ces coups dépassaient mes forces d'endurance. En vain j'ai cherché un rayon de réconfort. Puis je suis devenu insouciant ! Le vin a commencé à couler. J'ai eu une emprise sur moi, et j'ai sombré dans des profondeurs de désespoir que vous seul connaissez. Je pensais vraiment que Dieu n'existait pas et j'ai envisagé de mettre fin à ma propre existence.

"À travers tout cela, le Seigneur regardait avec une tendre compassion et un amour. Il vous a envoyé à ce moment critique de ma triste carrière.

"Quand je regarde le passé, je ne peux que louer Dieu pour ce qu'il a fait pour moi, à travers vous.

"Je suis maintenant conscient du fait qu'Il m'a lavé et racheté par son sang précieux. Jésus m'est très cher. Il est le muguet, le plus beau des dix mille pour mon âme. Les plaisirs du monde ont désormais aucune attirance pour moi, en Lui je peux vaincre toutes les tentations."

Ce qui suit vient d'un gentleman d'Amérique qui, depuis trente-cinq ans, n'était jamais entré dans une église. Il entendit par hasard la Maréchale , et, se précipitant dans la sacristie, il s'effondra complètement et lui raconta l'histoire tragique de sa vie.

C'était un enfant illégitime et sa mère le battait souvent jusqu'à ce que le sang coule. Enfant, il luttait dur pour être bon et, même s'il se laissait parfois égarer par la boisson, il évitait toujours tout ce qui avait un caractère immoral.

Il épousa une charmante Allemande et, grâce à un travail honnête , il obtint une très bonne position à New York, où il était estimé de tous ceux qui le connaissaient.

C'est à ce moment-là qu'il rencontre la Française qui a ruiné sa vie. Il raconta à la Maréchale entre ses sanglots que sa femme refusait naturellement de le récupérer. Le remords et l'angoisse l'avaient poussé à deux reprises à tenter de se suicider, mais il fut miraculeusement sauvé. En janvier 1914, il écrit :

« Chère Maréchale et honorée Mère Spirituelle :

"C'est avec joie que j'ai reçu votre chère lettre. Dieu a en effet été merveilleusement bon envers moi, pécheur indigne ! Il a roulé la pierre d'un cœur lourd de péché et de chagrin. Je le remercie chaque jour pour sa miséricorde et je m'étonne comment j'aurais pu vivre si longtemps sans Lui. Pas étonnant que j'aie échoué et que j'aurais été perdu, si je ne L'avais pas enfin trouvé à travers vous, chère Maréchale . La vie a un nouveau sens pour moi. C'est un plaisir de vivre maintenant, et avant, c'était une malédiction. Les musiciens jouent du ragtime pendant que j'écris ceci, mais Dieu joue une autre mélodie dans mon cœur. Je le remercie pour l'opportunité que j'ai ici de faire le bien. Dieu m'a en effet changé. Il m'a donné J'ai un grand pouvoir sur l'esprit de mes hommes. Le changement que, avec son aide, j'ai pu opérer dans leur nature en deux petites semaines est merveilleux à voir. Je suis heureux, très heureux.

"Il y a sûrement un diable, car il m'a fortement tenté, mais je le secoue comme une plume, souriant joyeusement dans la force que Dieu m'a donnée. Je lui dis : 'Je ne te crains pas, car j'appartiens au Christ Jésus pour toujours. .'

"Je suis en effet dans un lieu impie. Il est livré au diable sous toutes ses formes, mais ce qui compte, j'appartiens au Christ pour toujours.

"Dans la prière et l'humilité , je te remercie et te salue, Maréchale bien-aimée ."

Une belle fille du monde écrit ce qui suit :

"Toute la nuit, je me suis murmuré ton nom encore et encore en me disant : 'Tu m'as donné la vie, Maréchale , tu m'entends ? LA VIE !!!!' Je mourais de remords et de peur. Je frémis en pensant à ce que je serais devenu si je n'étais pas venu vers vous. Je me disais : "Oh, eh bien, à quoi ça sert, j'ai péché de façon irréversible, alors pourquoi ne pas pécher encore, encore et encore ? De toute façon, je suis destiné à l'enfer, autant y arriver aussi vite que possible » — c'est de cela que vous m'avez sauvé.

"Je me demande combien de fois j'ai prié 'Laisse-moi oublier, seulement laisse-moi oublier', et plus je priais, plus je me souvenais, et plus je me souvenais, plus j'étais terrifié, jusqu'à ce que la vie semble disparaître. m'échapper, et je tomberais, tomberais, tomberais, dans un gouffre sans fond d'horreur... Et maintenant je vis !!!! Oh, Maréchale (comme j'aime ce nom, ça me fait penser à de la musique !) Ma mère a donné la vie à mon pauvre corps misérable, mais tu as donné la vie à mon âme. Ma mère ne verrait pas d'inconvénient à ce que je t'aime, alors si elle savait que tu m'as rendu à elle.

encore : "J'ai vécu seule, absolument seule. Dieu seul sait à quel point j'ai été seule ! Mais maintenant je l'ai, Quelqu'un *qui se soucie* ! N'est-ce pas merveilleux, Maréchale , je ne suis plus seule car j'ai "

Un jeune homme dont la vie a été transformée en assistant aux réunions tenues par la famille Maréchale à Keswick écrit depuis Beyrout , en Syrie :

"Oh ! quelle responsabilité c'est pour nous d'être les ambassadeurs du Christ, de le représenter auprès de ceux qui ne le connaissent pas, d'être ses images ! S'il n'y avait pas nous, chrétiens, qui nous dressons si souvent sur son chemin, le Christ Vous pourriez avoir une chance. Certains étudiants se réunissent quotidiennement dans ma chambre pour prier et j'aimerais que vous puissiez les entendre prier en anglais, en arabe, en turc, en arménien et même en abyssin. Vous ne comprendrez pas les mots, mais vous ne pourrez jamais vous tromper. l'esprit.

"Aujourd'hui, j'ai invité un homme dont je sais qu'il est en proie à un vice terrible. Il est venu, et pendant une demi-heure, il a eu l'air d'avoir commis une erreur en venant, mais, avant de partir, il avait fait entrer prière pour avoir la force de vaincre la tentation.

" Ne pensez-vous pas que l'Amérique est un bon pays ? Et pourtant, avec toutes ses grandes ressources, ses opportunités et ses progrès phénoménaux, c'est un pays très méchant dans de nombreuses régions. Les races, les nations et les individus peuvent prospérer et réussir dans leurs projets d'amélioration et de développement. être toujours sans la réalisation de Dieu, - ils peuvent être « bons mais impies ».

LA MARÉCHALE
(D'après une photographie prise au Gainsborough Studio,
Oxford Street, Londres, W., en 1913)

Avec l'hommage d'un cœur reconnaissant, cette esquisse peut se terminer à merveille.

"J'ai été utilisé dans le passé pour la conversion de centaines d'âmes, mais j'ai fait un *compromis* et cela a entraîné la ruine de mon âme. Personne ne sait à quel point j'ai été vil, méritant la désertion de Dieu et des hommes.... Je J'avais décidé de mettre fin à mon existence, mais d'une manière ou d'une autre, j'ai été amené à cette réunion pour entendre parler de cette dame russe. Même alors, j'ai *décidé* que vous ne deviez pas m'influencer, mais Dieu, d'une manière ou d'une autre, à travers vous, a saisi ma vie. Je me suis vu sous la vraie lumière comme (Je dis les mots pas dans leur sens habituel) un « maudit hypocrite ». N'oubliez pas de faire écho et de répéter les mots qui me sont parvenus : « Un compromis avec le monde est synonyme de ruine ». Cela m'a brûlé l'âme... Je me souviens que pendant que vous parliez, une grosse boule s'est formée dans ma gorge, et juste au moment où vous terminiez votre discours, la pensée m'est venue : « Je me demande si elle comprendrait. Oui, plus, je me souviens de la façon dont tu m'as reçu ce jour-là. Que Dieu te bénisse. Je suis sorti de l'enfer. J'ai un ciel clair. Je veux te faire savoir que la conscience du pardon du passé est venue avec une force presque écrasante. , et une charge terrible a disparu. Aucune fille n'a jamais aimé sa mère plus que je ne t'aime, je le sais. Pourquoi ? Parce que Dieu a fait de toi le moyen de mon salut. Mon cœur éclate d'amour et de gratitude. Alors je suis à toi , et lors de ce dernier grand jour, vous le verrez si je m'en sors enfin.... Très cher, avez-vous déjà pensé à ceci : quelqu'un, par un effort vaillant, sauve des vies d'un incendie ou d'un naufrage ; le monde applaudit et honore le libérateur. Tu (par la grâce de Dieu) m'as délivré du naufrage de mon âme. Christ le reconnaîtra devant son Père et devant toutes les multitudes innombrables.

LA FIN